U0500771

二仙桥

曾灵 唐澜芯 著

四川文艺出版社

图书在版编目（CIP）数据

二仙桥 / 曾灵, 唐澜芯著. — 成都：四川文艺出版社，
2020.7
（成都·成华历史人文丛书）
ISBN 978-7-5411-5693-9

Ⅰ.①二… Ⅱ.①曾… ②唐… Ⅲ.①城市道路—成
都—通俗读物 Ⅳ.①K927.11-49

中国版本图书馆CIP数据核字(2020)第060065号

ERXIANQIAO

二仙桥

曾　灵　唐澜芯　著

出 品 人　张庆宁
责任编辑　罗月婷
封面设计　叶　茂
内文设计　叶　茂
责任校对　段　敏
责任印制　唐　茵

出版发行　四川文艺出版社（成都市槐树街2号）
网　　址　www.scwys.com
电　　话　028-86259287（发行部）　　028-86259303（编辑部）
传　　真　028-86259306

邮购地址　成都市槐树街2号四川文艺出版社邮购部　　610031
排　　版　四川胜翔数码印务设计有限公司
印　　刷　四川华龙印务有限公司
成品尺寸　157mm×235mm　　　　　　开　　本　16开
印　　张　14　　　　　　　　　　　　字　　数　210千
版　　次　2020年7月第一版　　　　　印　　次　2020年7月第一次印刷
书　　号　ISBN 978-7-5411-5693-9
定　　价　42.00元

版权所有·侵权必究。如有质量问题，请与出版社联系更换。028-86259301

《成都·成华历史人文丛书》
编写机构人员名单

专家和顾问委员会

（按姓氏拼音为序）

专　　家：陈世松　傅　恒　林文询　谭继和　肖　平
顾　　问：阿　来　艾　莲　陈廷湘　冯　婵　梁　平　袁庭栋

总编辑部

主　　编：张义奇
执行主编：蒋松谷
副 主 编：刘小葵
美术指导：陈　荣

《成都·成华历史人文丛书》
编写机构人员名单

指导委员会

总 策 划：赵春淦　蒲发友

主 　 任：蔡达林　周海燕

副 主 任：郭仕文　杨　楠　周孝明　万　东　张庆宁

委 　 员：刘　曦　黄　海　刘杰伟

《二仙桥》卷编委会

主 　 任：邹　涛　陈洪波

副 主 任：刘　涛　唐　爽

委 　 员：张同皓　廖芳蓉　严　雯　许　源　邓　越
　　　　　邹　洁　曾家明　谢　佳　张　芸　黄欢欢

总序

　　成华区作为成都历史上独立的行政区划，是从 1990 年开始的，它是一个非常年轻的区。但是成华这块土地，作为古老成都的一个重要组成区域，则有着悠远的历史与深厚的文化根基。

　　"成华"区名，是成都县与华阳县两个历史地理概念的合称，而成都与华阳很早就出现在古代典籍中。《山海经·大荒北经》中曾有"大荒之中，有山名曰成都载天"的记载，有学者据此认为，成都可能是远古时候的一个国名，或者是古族名。华阳之名也一样历史悠久，《尚书·禹贡》云："华阳黑水惟梁州。"梁州是上古的九州之一，包括今天川渝及陕滇黔的个别地方，华阳即华山之阳，是指华山以南地方。东晋常璩所撰写的西南地方历史著作《华阳国志》便以地名为书名。唐代开始，地处"华山之阳"的成都平原上便有了华阳县，也从此形成了成都市区二县共拥一城的格局。唐人李吉甫在地理名著《元和郡县图志》一书中，对成都与华阳做了更进一步的记载："成都县，本南夷蜀侯之所理也，秦惠王遣张仪、司马错定蜀，因筑城而郡县之。""华阳县，本汉广都县地，贞观十七年分蜀县置。乾元元年改为华阳县，华阳本蜀国之号，因以为名。"由此可见，成都与华阳历史之悠久，仅从行政区域角度看，成都从最初置县至今已有两千三百多年，而华阳置县从唐乾元元年（758）至今也有一千二百多年了。

　　不仅成华之名源远流长，具有丰富的人文内涵，成华这片土地更是积淀着厚重的历史与文化。可以说成华既是一部沉甸甸的史书,也是一首动人心魄的长诗。这里有纵贯全境且流淌着历史血液与透露着浓烈人文气息的沙河,有一万年前古人类使用过的石器,有堆积数千年文明的羊子山,有初建成都城挖土形成的北池,有浸透了汉赋韵律的驷马桥,有塞北雄浑的穹顶式和陵,有闻名宇内的川西第一禅林,有道家留下的浪漫神话传说,有移民创造的客家文化,还有难忘的当代工业文明记忆,还有世界的宠儿大熊猫……

成华有叙述不尽的历史故事。

成华有百看不厌的人文风景。

成华的历史是悠久的巴蜀历史的一部分;成华土地上生长的文明是灿烂的巴蜀文明的重要组成部分。

为了把这耀眼的历史文化集中而清晰地展现给人们,同时也为后世保留一笔珍贵的精神财富,中共成华区委和成华区人民政府立足全区资源禀赋和现实基础,将组织编写并出版"成都·成华历史人文丛书"纳入"文化品牌塑造"工程的重要内容之一。由成华区委宣传部、成华区文联、成华区文旅体局、成华区地志办等单位牵头策划,并组织一批学者、作家共同完成这套丛书,包括综合卷与街道卷两大部分,共计二十册。其中综合卷六册,街道卷十四册。综合卷从宏观的视野述说沙河的过往,清理历史的遗迹,讲述客家的故事,描写熊猫的经历,抒写诗文的成华,回眸东郊工业文明的辉煌成就。街道卷则更多从细微处入手,集中挖掘与整理蕴藏在社区、在民间的历史文化片断。

历史潮流滚滚前行。成华作为日益国际化的成都主城区之一,随着城市化进程的深入推进,对生活在成华本土的"原住民"和外来"移民",

更加渴望了解脚下这片土地，构建了积极的文化归宿。此次大规模地全面梳理、挖掘本土历史，并以人文地理散文的形式出版，在成华建区史上尚属首次。这既顺应了群众呼声、历史潮流，又充分展现了成华人的文化自觉和文化自信。

"成都·成华历史人文丛书"是成华人对成华悠久历史、深厚文化的一次深邃的打量，更是成华人献给自身脚下这片土地的一份深情与厚爱！

书籍记录岁月，照亮历史，传播文化。书籍是人类精神文明的载体，中华数千年的历史文化传承，书籍功莫大焉。如今，中国人民正在追求民族复兴的伟大梦想，通过书籍去回顾历史、展望未来，乃是实现这一复兴之梦的重要路径。

身在"华阳国"中的成华人，也有自己的梦。传承悠久的巴蜀文明，弘扬优秀的天府文化，正是我们的圆梦方式之一。

这便是出版"成都·成华历史人文丛书"的宗旨和意义之所在。

张义奇　蒋松谷

序

　　从地图上看，二仙桥是位于成都城区东北方向、二环路到三环路之间的倒"L"形地带，横平竖直的街道将其整齐地切割成几个板块。中环挟地铁7号线与成华大道十字交错，又与2019年5月全线贯通的蜀龙路相接，整个区域仿佛打通了任督二脉，与城内城外无缝连接，往来无阻。

　　二仙桥的历史颇为悠久。它始建于清代初年，扩建于道光五年（1825），在光绪二年（1876）又进行过一次重修，民国七年（1918），二仙桥再次修整之后，成为一座石制拱桥，横跨过去出北门之后到龙潭寺的乡村土路上的沙河支流，虽不宽大，却厚重朴实，可容汽车通行。中华人民共和国成立后，小河渐渐断流，石拱桥也就失去了它的作用，湮灭于历史中，留下的，只有"二仙桥"这个地名。

　　作为地区名存在的二仙桥真正的历史应从1951年算起。铁道部圈定此处修建成都铁路工厂，随后，成都市政府又确立了"东城生产，西城居住"的城市框架，正式将包括二仙桥在内的东郊划为工业生产和运输用地，成都地质勘探学院（现成都理工大学）亦选址于此。六十余年来，二仙桥开创了成都地质探索的先河，唱响了成都工业文明的强音。它是成都现代城市发展真正意义上的深度参与者和推动者。

　　20世纪50年代修建的成渝铁路如同一支利箭，破开了成都旧有的格局，外来的新鲜血液得以顺着这条渠道注入其中，调动了整个城市的活力。随着火车北站的开通，九十万铁路职工及家属陆续安家城北，"铁半城"名扬四川,一时风光无限。20世纪60年代,"三线建设"和"三线调迁"大潮中,这片热土曾承载了二百余家大中型企业的战略转移,无数个"第一"在这里诞生,一个又一个辉煌战绩在此产生。

随着成渝铁路建设起来的还有为铁路服务的成都机车车辆厂、木材防腐厂等铁路工厂。只争朝夕的年代,铁路的发展速度等不及成都慢慢建立本地的机车厂,于是,有着革命血统的安徽九龙岗机厂就在国家的统一规划中被整体搬迁,数百职工携家带口,横跨千里疆域,落户西南。作为中华人民共和国第一座自行设计建造的机车车辆工厂,六十余年间,上万台各种类型的机车、机电和配件在这里被修复、养护、制造,它们中的一部分至今依然行驶在祖国的大江南北。

铁路的贯通为四川与外界的物资往来提供了至关重要的条件。在计划经济时代,沿着火车站建立起来的二仙桥仓储物流行业有着傲人的地位,老百姓的衣、食、住、行、医等生活所需,都在这里进出。每天,来自全国的各种货物被流水般地送到仓库,又马不停蹄地发往成都市区及周边区域。满载的货车是千家万户的企盼和幸福,也是促进城市经济飞速发展的"营养物质"。二仙桥如同城市工业的心脏,在"输血"和"供血"之间形成了城市脉搏的有力跳动。

每年3、4月春暖花开之时,二仙桥便充满甜蜜的气息,一种特殊的商品——蜜蜂——也在此集散。在计划经济体制下,蜜蜂运输成为一场遮天蔽日的大规模"迁徙"。作为我国最早的菜花蜜产地的成都,每年要接纳百万箱蜜蜂在此采蜜,而二仙桥则是蜜蜂们赶往下一个蜜源地的中转站。蜂蜇之痛与蜜糖之甜交织着,奏响了工业用地里一曲甜美的春之赞歌。

在工业建设如火如荼的同时,文化教育事业也在此处落下了关键的一子。根据国家的战略布局，成都地质勘探学院——即如今成都理工大学的前身，在大坟包的荒烟乱草中拔地而起。从"八大教授"到"五大金刚"，师生薪火相传，为国家培育出了大量英才。他们更以不畏艰险的实践精神，发掘出对本地生态研究有着重要意义的合川马门溪恐龙化石，在中国地质研究史上写下了光辉的一页。

在老成都的记忆里，二仙桥曾经光鲜、洋气又可靠。成群结队的货车和最新式的火车头，率先鸣响了城市经济崛起的汽笛；工厂的宿舍区里应有尽有，俨然一个"小社会"；国有企业的雄厚实力托起了千万人的美好人生。然而，时代的沧桑巨变以磅礴之势席卷全国，并没有留给小小的二仙桥思考与准备的余地，曾经的辉煌转眼间暗淡得仿佛铁轨上的锈色，当积重难返的工厂尚在改革浪潮中跟跄前行时，城市的建设发展需求已经迫不及待地赋予了它新的历史使命。

沉默老旧的红砖仓库被改建成现代文创基地，极具艺术感的重金属雕像彰显了工业文化的独特审美。在这里，开放进取的时代精神与时尚健康的生活美学水乳交融。

经过合理规划的老生活区和老旧道路被一一翻新改造，退城入园的机车车辆厂在工业旧址上打造出集住宅、商业和文化园区为一体的综合体。在这里，百姓安居与经济发展相辅相成。

二仙传说远去，万千学子拥来，"东方巨龙"即将在新建成的自然博物馆中向世人展示两亿年前的川中霸主的雄姿。在这里，"敢为人先，造福于民"的教师风骨与"穷究于理，成就于工"的人文气质相结合，丰富着二仙桥的文化底蕴，再次推动它走向时代发展的最前沿。

成都市成华区二仙桥街道示意图

（截至2019年10月）

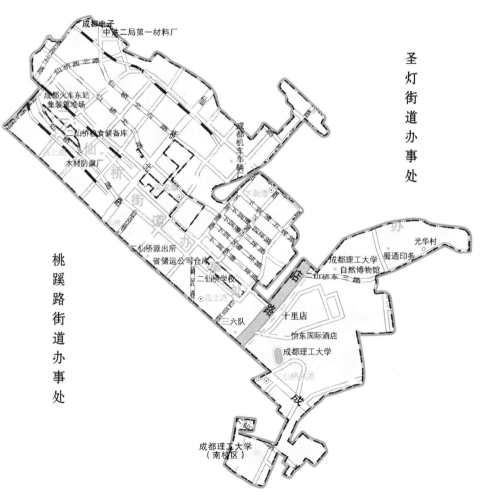

目录

历史痕迹与街道传说

二仙翩翩从何来：二仙桥的来历传说 / 003

两宋古墓印证成都的包容与繁华 / 008

片区部分道路 / 016

新旧地标：改造中的二仙桥 / 019

激情岁月：东郊轨道交通的崛起

成都机车车辆厂的前身 / 027

两次迁徙 / 034

在时代的浪潮下 / 045

腾飞的中车 / 057

星辉闪耀 / 062

大工厂里的小社会 / 072

剥离"厂办"，面向社会 / 086

与时代共舞 / 090

城市的血管：发达的仓储物流

承接"铁半城" / 097

铺垫大交通：木材防腐厂 / 102

大而全：西南地区的物资管家 / 109

小而美：蜜蜂集散地 / 122

穷究于理，成就于工：大学的精神

选址大坟包，立足十里店 / 133

红砖墙的苏式建筑，碧水潭的泱泱砚湖 / 139

桃李不言，树人百年 / 149

老校徽上的小恐龙：博物馆的故事 / 189

理工大学医院：健康的防护盾 / 202

后记

历史痕迹与街道传说

中华人民共和国成立之前，二仙桥所在的地区一直被划在成都府城之外，没有繁密的人烟和市集，也并非出入交通的要道，只有朝着远方铺开的阡陌田野，点缀着零星的村舍，沙河的小支流从这里蜿蜒而过，润泽着一方土地。

二仙翩翩从何来：二仙桥的来历传说[①]

二仙桥自然是有"仙"的。

许是因为这座桥太小了，史料上的记载实在乏善可陈，还不如"二仙"两个字更引人遐想，所以到底是哪两个仙，从哪儿来，干了什么，便有了多个不同的版本。

"和合二仙"大概是第一对降临此桥的神仙，早在清朝，他们便"显灵"撮合了一对新人。

雍正年间，朝廷册封唐朝诗僧寒山与拾得为"和合二仙"，从民间仙僧升格为官方神祇，专掌婚姻和美、家庭圆满等事宜。得到人间帝王的旨意，寒山、拾得便腾云驾雾，巡游四方。

一日，二仙驾着祥云，来到了成都府华阳县东门外。俯瞰下界，只见小河弯弯，石桥横陈，一对母女面色蜡黄，颓坐桥边破庙前。二仙心生怜悯，化作蓬头笑面僧来到近前。

寒山问道："老人家面色忧郁，不知因何烦忧？"

"师父有所不知，老身系客家人氏。阿女自小许配谢家阿仔。去年谢家从湖广迁徙四川，杳无音信，我便带着阿女前来寻亲，至今婚事无着，团圆无望，今又盘缠用尽，不知如何是好啊。"

拾得心想，这是官封以来的第一桩分内事，要做得巴适漂亮。

---

① 参考文献：1.刘小葵：《和合二仙与二仙桥》，《新成华》，2017年4月28日。2. 成都市成华区地方志办公室编：《成华坐标》，新华出版社，2015年。

"自乐平生道，烟萝石桥边。"一声偈语藏天机，"明日午时三刻，请施主在庙前石桥等候。"

果然，次日正午时分，从东山方向健步走来一位担着柴火的年轻人，老人家定睛一看，这不是谢家阿仔是谁？两下相见，抱头痛哭，喜极而泣。谢家阿仔把母女接回家中，双方家长商定，择吉日完婚。

几天后，谢家院子张灯结彩，喜气洋洋，左邻右舍都来道喜。二仙见到此景，含笑道："看来谢家人缘不错，我们也去瞧瞧。"说完，化作两个憨态可掬的束髻童子，一人手持荷花，一人手捧圆盒，来到谢家院子。他俩一会儿穿梭在人群之中，一会儿跳跃在红烛之间，十分活跃，大家都没在意这是谁家小孩。

婚庆迎宾见状，赶紧过来拦住两人，吓唬道："阿仔，不要捣乱，一边玩儿去。"

二人拿出荷花和圆盒，正色道："我们是前来道喜的。"迎宾一愣，心想这俩小孩面生，盒里别是啥整蛊的玩意儿。迎宾伸手揭开盖子，霎时圆盒里呼啦啦地飞出五只蝙蝠，顿时整个喜庆现场像炸开了锅。

听着外边纷乱的吵闹声，谢家阿爸从屋里出来，看到迎宾气急败坏的样子，快步上前制止："吾乃礼仪之家，休得无礼。"

阿爸转身对两个童子施礼道："来者是客，如不嫌弃，大家同乐如何？"

两个童子听了此话，哈哈大笑，没等人们回过神来，竟化作一道白光飞入画中去了。"积善之家，必有余庆"的声音，久久在厅堂间回荡。大家抬头再看，只见画轴之中，两个束髻童子，一人持并蒂荷花，一人捧带盖圆盒，盒中飞出五只蝙蝠。

"这不是刚才的两位童子么？"

人们恍然大悟，这是掌管婚姻之神——和合二仙降临人间了。他们手中的器物，荷与和、盒与合谐音，取和谐合好之意，五只蝙蝠，则寓意五福临门。此后，人们便把那对新人重逢的地方叫作"二仙桥"。新婚供奉和合二仙画轴，也成了二仙桥周边地区人们的婚庆习俗。①

随着时间的流逝，道教文化逐渐兴盛，"二仙"还是"二仙"，却由道教仙家吕洞宾、韩湘子替代和合二仙做了传说的主角。

据《成都大词典》、吴世先主编的《成都城区街名通览》："二仙桥得名与道教的吕洞宾与韩湘子有关。"巴蜀文化学者袁庭栋先生也在其所著的《成都街巷志》里写道："桥边有供奉道教神仙吕洞宾与韩湘子的小庙，有两个神仙曾经在此桥相会的传说。"②虽不知道是有了传说才建了小庙，还是有了小庙而印证了传说，但显然人们更倾向于相信两位神仙便是吕洞宾、韩湘子。在八仙之中，这一对师徒是极为喜欢下凡游历、四处显灵助人的，在各个地方都流传着关于他俩的故事，而在道教发源地之一的四川，更有着广泛的群众基础。

不过，这"二仙"如何相会，也有好些说法。

其一是，明朝末年张献忠入川称帝，自号大西，他治下兵灾极重，导致田地荒芜，百姓流离，原本富足的天府之国为之一空。某日，大西军几名军士前往东郊执行军务，放眼一看，居然有两名老翁正在一座小桥上垂钓，神态极为悠闲。军士看了一会，发现始终没有鱼儿

---

① ② 袁庭栋：《成都街巷志》，四川文艺出版社，2017年。

咬钩，但两名老翁却气定神闲，似乎根本没注意。军士忍不住了，便问道："这个地方连鱼都没有，还钓什么？"其中一位老翁回答："来此非钓鱼，钓鱼焉至此？"另一老翁接话说："无私心者不动干戈，成大事者不伤生灵。"军士是个大老粗，听不明白，回城后便原原本本奏报张献忠。张献忠暴躁多疑，认为老翁肯定是明军派来的奸细，这是蛊惑军心来了！于是急忙派人前去捉拿。一队军士快马赶到小石桥处，远远看见两名老翁还在垂钓，可走近一看却不见两人踪影。走远些看，又出现了。这样反复几次，军士们都慌了神，吓得逃了回去。很快，这件事就在市井之中迅速流传开来。不久后，张献忠兵败成都，大西政权瓦解，在溃逃途中，张献忠被射杀于彭州江上，搜刮来的金银珠宝尽数沉于江底。蜀中百姓这才得以逃出一条生路，大家将前后事件一联系，都认为这是因张献忠入川后杀戮太重，上天派来两位神仙出言警示，张献忠却不听劝，神仙便结束了张献忠的命数。幸存的百姓们于是纷纷到小石桥处拜祭叩谢，并为这座桥取名二仙桥。

又有一说，二仙桥又名遇仙桥。相传清康熙年间，二仙桥处原本无桥，只有一条弯弯的小河。某日，四川按察使赵良璧从此经过，忽然发现河边两位仙道模样的人在弈棋，一局棋罢，二仙驾鹤离去，赵良璧这才恍然大悟，原来是吕洞宾和韩湘子两位仙家。这个传说流传开来，人们便集资在二仙弈棋处建了遇仙桥，且常于桥上拜祭二仙，后来，又更名为二仙桥。

还有一说，二仙桥前前后后总共修了三次，但前两次都让大水冲毁了，到桥第三次修好的时候，举办了竣工的踩桥仪式。仪式十分盛大，很多当地的官员也纷纷到场。谁料到，踩桥仪式一开始，不知从哪儿钻出来两个老乞丐，抢先走了上去。众人赶紧上前劝离，结果两个乞丐扑通扑通跳入河中，眨眼间就变成了石头。大家这才反应过来，原来是两个神仙下凡相助，巩固此桥啊！从此这桥就被定名为"二仙桥"了，并且还有一句民谣流传开来："二仙桥上走一走，一定活过九十九。"

这些传说里，除了有两位神仙在此显灵被人们一致认可，其余的内容众说纷纭，莫衷一是。然而，神鬼之说毕竟虚无，倒是有另外一种推测，似乎更接近真相。

在清末民初，每年冬至节过后，川北地区的乞丐都会来到成都赶灯会和花会，二仙桥就是各路乞丐年终大聚会、问亲寻友、交流信息的集散地。许是当时的二仙桥，行人络绎，龙蛇混杂，乞丐流民们传递消息，自然也少不了摆摊卖艺、吹弹耍戏。在这种热闹又无序的地方，若有些乐技、武艺出彩的，被人们戏称为吕洞宾与韩湘子之类的仙人传说而流传开来，也是十分正常的事情。且道教在四川流传甚广，民间信仰基础深厚，若是有道人于此卖些丹药、弄箫舞剑，被讹传为一贯喜欢以丹药济人救世的吕洞宾，也是有此可能的。

这样的揣测更有一种人间烟火气。熬过又一年被人四处驱赶、朝不保夕的日子，乞丐流民也要回家过年，没有盛大的集市、宴席，但城外的这座小桥上却有属于他们的盛会。是丐是道还是仙，其实不要紧。重要的是，农人要用水，行人要过河，流民要聚会，而这些，正需要有一座小桥。

两宋古墓印证成都的包容与繁华

南宋古墓——在成都的山西夫妇[1]

《荀子·礼论》曰："丧礼者，以生者饰死者也，大象其生以送其死也。故事死如生，事亡如存，终始一也。""事死如生"，是古人根深蒂固的观念，也是牢不可破的原则，更是那时人们对生死的最终认识。

二仙桥的传说尚在，但仙人早已不知所踪，只给后人留下无数遐想。然而，在二仙桥地区意外发掘出的两座宋代的墓葬，却给了今人实实在在触摸历史、对话古人的机会。

1999年10月，成都市成华区修建成都到南充的高速公路时，在二仙桥东路12号路段埋设地下水管道时，发现了一座南宋时期的墓葬。

这是一座双室券拱砖墓，长方形，东西长3.53米，南北宽2.78米，深1.6米，分为南、北两室，虽然早已被盗墓贼盗掘过，不少砖壁和器物都受到了损坏，但墓室内基本还是保持了原状，能看出当时的

---

① 参考文献：1.王仲熊：《成都市二仙桥南宋墓发掘简报》，《考古》，2004年第5期。2.黄敏：《〈成都市二仙桥南宋墓发掘简报〉券文校补》，《中国国家博物馆馆刊》，2013年第9期。3.章红梅：《〈成都市二仙桥南宋墓发掘简报〉释录校补》，《考古与文物》，2015年第3期。4.赵忠波：《从葬制葬俗变革看社会变迁——四川盆地宋墓的考古学观察》，《四川大学学报》，2007年5月。5.霍巍：《谈四川宋墓中的几种道教刻石》，《四川文物》，1988年第3期。

墓葬习俗。墓分两室,二次葬入时便可不对原墓室造成破坏,又避免后人看见祖先尸骨而伤感。两室间以穿道相通,夫妻之间灵魂的来往与沟通也极为便利。

此墓用石灰浆和黄泥砌缝,在墓券顶上铺撒一层白石灰,符合南方地区防潮的特点。墓墙采用了三种规格的素面青砖,一顺一丁依序砌成,大气规整。棺台占据了墓室大部分面积,依靠着墓室后壁,只有12厘米高,却用砖横铺顺砌了三层,两边留下十余厘米的沟槽用于放置陪葬器物。棺台上的木棺已经腐朽,只余残块和锈蚀的铁钉;墓室后壁上,近1米高的后龛嵌于墙内,安放着墓主人像。在整个墓室里,严格依序摆放着极为丰富的随葬器物,有陶器、瓷器、铜镜、石墓券等共69件。

陶俑共有47件,占了随葬器物的大半。其中,有两件特别引人注目。

其一是两尊牛首人身的生肖俑,头戴三梁进贤冠,身着圆领宽袖落地长袍,腰束革带,牛头上,双耳下垂,双眼外突,正视前方。

先秦时期,人们就将生肖动物与干支相配,逐渐形成了与十二地支相对应的十二生肖动物,用来代替人们的生年。十二生肖的普遍流行,让墓葬中使用"十二生肖俑"变得极为常见。人们相信,十二生肖俑能够起到辟邪、厌胜、护佑墓主人平安的作用。在墓葬中,通常十二生肖俑成套出现,如果单个出现,那有可能是代表了墓主人的生肖属相。[1]如此推测,二仙桥这座宋墓的墓主人便有可能属牛。

---

[1]　张丽华:《十二生肖的起源及墓葬中的十二生肖俑》,《四川文物》,2003年第5期。

其二是北室入口摆放的一件人首蛇身俑。蛇身交缠贴伏在地面，两端各有一人头，披发，头发向后梳理，紧贴头部，脸朝前方，双眼正视。这种俑是《山海经》中经常出现的山神，也或许是道教中的雷神。总之，它作为一种"镇墓兽"，驱邪避害，在墓主人逝去升仙的过程中守护其安宁，不被外界打扰。

在这座墓葬中，整体布置严谨，武士俑置于墓门，为当圹当野，乃镇墓神；人首蛇身俑应为墓龙，置于棺台之前。陶狗为玉犬，放于墓室南侧，陶鼓置于墓室东侧和陶狗相对，它们可以起到避凶除害之效。而男女墓主人像放置在后龛上，坐于圆形空心底座上，神态安详，享受着下人的膜拜，具有供奉和祭奠的特点，并代表其"真身"可以千秋万载；其他文武官俑和男女侍俑等为墓主的仪仗和仆从，分列棺台两旁，各司其职。

更为重要的是墓券。

墓中共有十六方墓券，分别为买地券、敕告文、华盖宫文、镇墓真文，两个墓室各八方，分别自成一套。五块镇墓石即是五方五精石，为道教灵宝派的"炼度真文"石刻，供镇墓、驱邪、厌胜之用。而华盖宫文和敕告文都与道教清真派有关，墓主人"炼尸成仙"之用，可使其子孙荣贵，逢凶化吉，世代与天地共存。

由此可见，道教在宋代的成都发展得极为昌盛，在整个丧葬过程中道教思想占主导地位。

自汉以来，四川一直是道教的大本营。两宋时期更是道家的黄金时代，终此一朝都推崇备至。作为道教发源地之一的四川，更是高人辈出，名重全国。

得益于这种葬俗，我们在买地券上可以清晰地看到墓主人的信息。男主人任公，其妻卫氏，籍贯河东路绛州翼城县（今山西省绛县）。这份买地券所载时间为"维绍兴二十二年十二月辛酉朔"，即1152年，葬于成都府华阳县积善乡永宁里（今成都二仙桥一带）。

任公夫妇所在的时代，算来正是北宋灭亡、南宋初建的动荡时期。那时金国大举南侵，连续攻破山西、攻陷东京（开封），繁华绮丽的北宋转眼烟消云散。宋高宗仓皇逃到南京继续称帝，岳武穆恨恨于"靖康耻，犹未雪"，但金兵的铁骑肆虐而来，普通百姓只能在战争的恐惧中携家带口迁离故土，去寻求一处安稳的所在。

尽管没有明确的资料说明墓主人迁徙四川的原因，但我们依然可以想象，这对山西绛县的普通夫妇，或许还有他们的家人，目睹了战乱的可怖，经过反复思量，最终决定忍痛离开故土，另寻他处生活。也许是本就选定了四川，也许只是在路上跟随着流民一道前行。总之，他们最终流落到了成都。有难于上青天之称的蜀道阻挡天府之国，易守难攻，水土丰沃，成了这些流民的"桃花源"。

当时的成都是南宋王朝的稳定大后方和后勤保障供应基地。《十驾斋养心录》卷八有云："蜀土富实，无兵革之忧，居官者以为乐土。"时任川陕宣抚处置使的是抗金派领袖张浚，他任用四川"吴家三雄"——吴玠、吴璘、吴挺为将，依仗着天险，硬生生抗住了金兀术带领的十万大军，并在之后的几十年中，多次将金军拒于川外，保住了四川地区的安定与繁荣。凭着这份安稳，四川接纳了无数从北方惶惶然奔逃而来的同胞，人口陡增，直至城内城外全部开垦为田，几无葬地。

其时，成都人烟辐辏，市集密布。南宋词人京镗的一首《木兰花慢·重九》中描绘了重阳节的成都："蜀人从来好事，遇良辰、不肯负时光。药市家家帘幕，酒楼处处丝簧。"不止重阳，全年十二个月，成都月月有市有会：正月灯市、二月花市、三月蚕市、四月锦市、五月扇市、六月香市、七月宝市、八月桂市、九月药市、十月酒市、十一月梅市、十二月桃符市。这样乱世中的盛世，对于百姓而言，是何等的珍贵难得！

此时的二仙桥地带，还属于城外，任公夫妇是否入城居住，我们无从得知；但从墓葬规格、陪葬器物的丰富，能看出他们家境颇为富裕。从任公墓的两座墓室来看，两人下葬时间相隔不远，夫妻俩应是前后相继逝世。在他们下葬后的第八十四年，蒙古大军方才攻破四川。从靖康之耻到崖山之殇，偏安一隅的四川这几十年的安稳虽然只如昙花一现，却足够这对山西夫妻以及许许多多的百姓，度过平稳富裕的一生，白头到老。

北宋古墓：崇宁通宝与交子诞生

无独有偶，2017年，二仙桥公园的施工过程中，一块深灰色的石头引起了施工人员的注意。面对这块怎么看也不像是普通砖土的石头，施工人员抱着谨慎的态度，联系了成华区文化广电新闻旅游体育局。

很快，成都考古队就来确认了，这底下确实有一座古墓。经过发掘，一座宋代砖室墓渐渐露出了真容。它长3.15米，宽2.4米，高1.3米，埋于一米多厚的泥土下，全部由砖块垒砌而成。这也是一座合葬墓，两个墓室共用一道石壁，墓室顶端的盗洞造成了墓室一侧垮塌，一些随葬器物也被损毁，墓中的金银器已经被取走了，留下在当时看来"不值钱"的陶器、钱币等。[①]

墓室入口，一尊高达八十厘米的武士俑镇守着墓门。这种高度的陶俑，算是宋代墓葬中比较高的，之前发掘的南宋墓室的武士俑，只有三十八九厘米高，这尊足足高了一倍，极为少见。墓室内摆放着诸多文官俑、动物俑、铜镜等随葬器物，其中有一只陶鸡，还能大致看出其姿态。由于买地券字迹模糊难以辨认，我们无从得知这位墓主人的身份，不过从随葬品的规格和数量来看，墓主人应当家资较为丰裕，有一定的经济实力。

墓室中的地面上，有二十多枚铜钱四处散落着。在当时，陪葬铜钱是常见的做法，古人相信这可以使家族兴旺，后人顺利。而这二十多枚铜钱，被抛撒在泥土里，在四川这种酸性土壤的环境下，还能保存得如此完好，十分难得。经过清洗，铜钱上清晰可见"崇宁通宝"字样，书法清秀骨瘦，铁画银钩，正是宋徽宗赵佶所创的"瘦金体"留存于世间的真实证明。

崇宁通宝应铸于1102—1106年的崇宁年间，上面的文字由宋徽宗亲笔所书，所以又称为御书钱；当时官造铜钱成色在96%—96.7%，高于一般钱币，是现在铜钱中价值最高的钱币之一。

入宋以来，地区性的经济城市纷纷崛起，成都也成为西南地区的中心城市，经济获得了极大发展。其时城市富庶，商贸兴盛，许多

[①] 毛玉婷：《成都二仙桥意外出土宋代砖墓 曾遭盗墓贼光顾》，《华西都市报》，2017年1月18日。

大商家都在这里经商，不仅有蜀锦、茶叶、邛窑瓷器、药材等珍贵商品，还有关系民生命脉的盐、酒、糖，以及戎州的荔枝、果州的柑橘、遂宁的甘蔗、天彭的牡丹等特产，都是抢手的货物。[①]

然而，为了满足飞速发展的经济，北宋时期铜钱的铸造量比唐代增加了五倍至五十倍之多，造成了可怕的通货膨胀。其时，商人买一匹绢，所需要的"崇宁通宝"铜钱要用一匹马来驮。在古时，商贸的最佳途径是长途贩运，远距离的交换，易于居奇，贱买贵卖，获利特多。但是，这些商人在市场购买和贩运商品时，却必须使用市场上通用的货币才能实现支付。数多量重但额小的铁钱和铜钱，已经成为商贸发展的阻碍。

宋神宗时期，我国第一张纸币——交子，在四川民间诞生。一种"货币"发源于民间，这在世界金融史上也是极为罕见的情形。成都当时的繁荣与对新货币迫在眉睫的需求，正是交子诞生的条件。

我们现在能清楚看到，交子是一种认票不认人的币种，既不书写持有人的姓名、籍贯等，兑换现金时也不需要保人担保。任何人持有交子都可按票额兑换现款。这就要求印制交子的纸张，必须耐磨损、能折叠。两面都能印刷各种复杂图案和暗记，能够套印各种图案、记号，否则就无法印制出这种认票不认人的纸币来。

宋代的四川，恰恰具有这样的条件。

四川造纸业源远流长。唐代时，麻纸就闻名全国，成为官府公文图籍的专用纸张。在彩纸加工中，"薛涛笺""谢公笺"均名噪一

① 贾大泉：《交子的产生》，《四川金融》，1994年增刊。

时。广都所生产的楮皮纸，用白色淀粉糊刷纸面，洁白平滑，纸面紧密，吸墨性好，透亮度弱，厚重坚韧，耐折叠，不易磨损，正是制造纸币的绝好材料。

而宋代时，成都更是全国的印刷中心。雕版印刷广布全省，"宋时蜀刻甲天下"，官刻私刻都极为发达，从而为交子诞生提供了技术基础。

如此，第一张纸币——交子在成都诞生，也就毫不奇怪了。不过，交子多用于大额交易，金属币等依然用于小额支付，金属币与纸币同时使用，满足了社会发展和人们生活的需要。由于战乱频起，时局动荡，对交子这种"虚拟货币"的管理制度也在摸索之中。纸币虽然磕磕绊绊地流行开来，但在底层百姓心中，坚硬、美观、用重金属铸造的"崇宁通宝"，自然比印刷的软绵绵纸质的交子更适合带入墓葬，更能够保佑后世子孙。

相较于成都市内，二仙桥区域的墓葬并不丰富，这两座宋墓是目前发现的仅有的较为完整的墓葬。前人通过这样的方式，默默地告诉后人他们在那个时代曾经是如何生活的，他们喜欢什么，恐惧什么，信仰什么，向往什么。而如今行走在这片土地上的人们，也小心翼翼地触摸先人的痕迹，还原历史，探寻自己的根系。如今被全国乃至世界所津津乐道的成都文化之"慢生活""乐观""悠闲""包容"等标签，都能在这些历史的吉光片羽中找到它流传至今的脉络。

片区部分道路^①

截至2019年10月，二仙桥辖西北路社区、东路社区、下涧槽社区，常住人口4.44万人。东连成南高速，西连成绵高速、川陕路，地铁7号线穿此地区而过，8号线预计于2020年底通车，届时将在成都理工大学站与7号线形成交叉换乘。

辖区内，交通便捷，规划整齐，主要街道有二仙桥东路、二仙桥西路、下涧槽路、十里店路等。

二仙桥路

沙河断流以后，原位于成都木材防腐厂内的二仙桥也因为修建工厂而被拆除，但是二仙桥这个地名被一直保留了下来，且有多条街道都以此为名。按方位有二仙桥东路、二仙桥东一路、二仙桥西路、二仙桥北路等，一直沿用至今。

下涧槽路

下涧槽路南起二仙桥北二路，北向西折到成都机车车辆厂大门，

① 参考文献：成都市成华区地方志办公室编：《成华坐标》，新华出版社，2015年。

长600米，宽8米。此区域内大部分系原成都机车车辆厂生活区，占地347亩，是一个人口密集的大型国有企业生活社区，有居民楼116栋，单元284个，始建于1951年，总建筑面积约32万平方米。辖区居民总户数5000余户，总人口近1.5万人，主要为机车厂职工及家属居住区。因此下涧槽路东侧跨下涧槽一坪路至下涧槽五坪路，是以居民生活区域划分。

清光绪年间，有四户农民在此建有长12米、高约7米的引水槽一座，引上游水灌田。《华阳县志》图上有"上碾槽"地名，指水槽北面，水槽南面则为下碾槽。1964年划归东城区时，误写为"下涧槽"或"下涧漕"，1981年地名普查时命名为"下涧槽路"。

大坟包

大坟包是自然村，位于二仙桥东三路与牛龙公路（现成华大道）交会口，与之相隔200米左右还有小坟包，属圣灯街道管辖，相传大、小坟包皆为皇坟。大坟包旧址在今二仙桥东三路南侧成都理工大学（原成都地质勘探学院）宿舍内，本是个土堆，1979年学院扩建宿舍时将之推平。二仙桥东三路与牛龙公路交接处，为大坟包村民居住区，平房瓦屋，设有大坟包门牌。

十里店路

十里店路紧邻成都理工大学，成都地铁8号线将从这里通过。

1958年牛龙公路建成通车后，在此处与新建的二仙桥东路会合，交通运输日渐繁忙，茶饮店铺相继开设。据在此歇息的运输工人总结：牛市口、青龙场、龙潭寺三处到此均为十里，于是大家都呼此处为十里店。

新旧地标：改造中的二仙桥[1]

　　近二三十年来，成都的发展可以用"日新月异"来形容。扩环线、修地铁、改造城区、完善城市基础建设……三环以内，几乎翻了个遍，一个个商圈形成，一片片豪宅拔地而起，大多老成都人的生活，都随着这些变化而改变。然而，二仙桥一带却仿佛被遗忘了，始终清风雅静，这里的生活和几十年前几乎没怎么改变，就连成都的物价，在这里也仿佛看不见增速。

　　原因无他，二仙桥改造的难度实在太大了。

　　这个区域在建设之始，便陆续聚集了成都机车车辆厂、锦江电机厂、101货运市场、102仓库等，厂区、铁路和仓储物流，一直都是围绕着如何更方便物资进出来规划的。各个厂区分别划分区域自行设计建设，二十余条铁路纵横交织其间，将整个片区割裂开来。工厂与工厂之间有时连道路都没有，更不要说合理的宏观布局，往往是随着居民人数的增多和生活的需要，东一块西一块不断建设起来的。这种特殊情况下，如何处理工厂，如何保障居民生活，如何引入商业，如何凸显文化特色等，牵一发而动全身，是极考验智慧的事。

　　2011年以来，成都提出五大兴市战略，"成都市北部城区老旧城

---

① 参考文献：1. 雷健：《"低洼房"到"睦邻家" 二仙桥正在华丽蜕变》，四川在线，2019年8月23日。2. 刘陈平：《逛公园看火车 东郊保留着老成都的记忆》，封面新闻，2018年3月25日。

市形态和生产力布局改造工程"（简称"北改"），就是其中"优化中心城区"的龙头工作。"北改"工程覆盖212平方公里，成华区55平方公里，二仙桥也包含其中。在规划中，此区域以"文化创意、现代商贸商务产业"为发展方向。

二仙桥终于迎来了"变身"的良机。

2015年左右，二仙桥开始拆除工作。从铁路开拆到站台搬迁，从一个个工厂退城入园到粮食市场、各种仓库的拆除，二仙桥在沉默中一点一滴地推进改造。每一个细节，都经历了从上到下的反复研究和讨论，最终确定最为合适的方案。

曾几何时，位于二仙桥下涧槽社区的水塔，是远近闻名的地标建筑。水塔所在的位置，原本是成都机车车辆厂的家属生活区。在20世纪90年代，修建水塔的初衷是为了给生活区进行二次供水。然而，由于设计经验不足，对水压的计算有误，导致水塔无法正常使用。每次一开动，水管就会爆裂，多次尝试无果后，无奈只能弃置不用。但是，由于它高大、醒目，高出当时周围五层到七层的楼房和低矮的平房很大一截，远远地一眼就能看到，因此渐渐成为成都市民判断机车车辆厂所在的重要路标。再加上水塔附近的四新桥农副产品市场是周围住户购买柴米油盐的必到之处，老成都一说二仙桥，便会下意识地用水塔来指代："你住二仙桥哪儿嘛？水塔底下嗦？"

"在水塔下"，成了附近居民地理位置的代称。

然而，随着街道的发展，人口越发密集，如今的水塔已经显得沧桑陈旧，比它更高更醒目的建筑已经吸引了人们的视线，水塔早已失去了地标的价值。因为矗立在交通要道上，它对人们的出行也造成了很大的影响，甚至有当地居民向成华区政府写信，投诉水塔占道，造成拥堵，希望尽快拆除。

为了解决这一问题，社区向当地居民派发了数千份调查问卷，希望了解居民的真实想法。在收回的问卷中，有不少居民将水塔视为机车厂人历史记忆的具象化标志，或觉得看了许多年有了感情，舍不得，但70%以上的居民都表示对拆除水塔的理解和肯定。经过社区居民大会的大讨论，最终确定了拆除水塔的方案。

2019年年中，水塔在专业爆破公司的运作下，被仔细地分段爆破，完全拆除。许多居民远远地围观着，默默与陪伴自己多年的水塔告别。拆除完成后，下涧槽周围仿佛顿时空旷了不少，一座蕴含着几十年历史的地标消失了，一片湛蓝的天空与更为舒适美好的未来，更加清楚地呈现在人们眼前。

走在二仙桥地区，虽然改造还没有彻底完成，但部分已经成功建设的区域，以及街头巷尾的"拆"字却透露出"破旧立新"的气息，证明了对改造的决心和效率。曾经出现在20世纪50年代热火朝天、如火如荼的建设场面，似乎又悄悄重现。

一个更美的新地标——二仙桥公园已经率先投入使用。

水，滋养万物，兴邦利民。四川号称"千河之省"，境内水系纵横，成都市内也不例外，沙河支流从二仙桥蜿蜒而过，桥上"仙人"显灵，桥边田埂纵横。而今沙河断流，石桥无踪，徒留二仙桥之名，到底让后人唏嘘。许是为了弥补这一遗憾，成华区在"宜居水岸，活水成都"工程中，将方家河改道，引入东风渠及上游活水横穿二仙桥地区，二仙桥公园也顺着河流斜斜铺展，水陆景观交相辉映，共同构成一片清丽天地。

方家河原位于成都市东北部二、三环路之间，大致呈南北走向，从熊猫大道以南东风渠流出，在圣灯关家六组汇入石湃渠，河流窄小，淤塞严重。经过整治改道以后，河道宽度达到4—6米，河水清澈，水流平缓，河底油绿的水草清晰可见。

二仙桥公园就顺着河流呈带状延伸，整体占地面积约208亩，定位于"都市谧林中的铁路线记忆"，是具有工业文化特色及创意产业和生活居住功能的复合区域，也是成都唯一一个以铁路遗迹为主的主题公园。长约3.1公里的工业遗产创意水岸，保留并重新铺设了部分铁轨，在原来卸货的站台位置，长长的绿皮车安静地停靠着。还有不少铁路元素如探照灯、信号灯、指示牌等分别被点缀在公园及其附近的道路口，铁路工业文化景观与生态景观完美结合。

公园虽小，却规划齐全，分为都市谧林体验区、活力健身区、城市会客厅、都市展望区四个区域。活力健身区为居民创造了一个"康体养身"运动休闲场所，设置功能丰富多样的运动空间；城市会客厅以绿色基底构建具有重要生态涵养功能的滨水风光带，为城市提供了一条有力搏动的绿脉；都市展望区结合良好的城市生态资源，保留场地自然基底，立足场地空间落差，建立安全的景观生态格局。

开放式的公园里，车站牌上写着"自然"和"记忆"两站，点明了二仙桥公园的主题。顺着铁路轨道深入，陆续可见两列火车陈列在此，一辆是黑色的货车，一辆是20世纪最为人们所熟悉的绿皮车。陈旧的铭牌，斑驳的车厢大门紧锁，铁轮上铭刻着"长春客车厂""四方工厂"等字样，以及长串的编号。静谧的公园中只有风声，仿佛能

▲ 二仙桥公园一角　唐澜芯摄

看到伟大的工业文明在火车的汽笛声中徐徐开启了至今仍未结束的漫漫征程。

　　而今，新科技与新理念的发展日新月异，让生态环境可持续发展日益受到重视。在二仙桥公园里，海绵城市设计理念融入每个角落。海绵城市是利用城市竖向与工程设施结合，排水防涝设施与天然水系河道结合，地面排水与地下雨水管渠相结合的方式来实现一般排放和超标雨水的排放，避免内涝等灾害。按照设计，公园区域为自然生态式雨水过滤系统，通过下沉式绿地渗透调蓄、坡地过滤、植草沟导流等方式，缓解城市内涝。海绵城市不仅限于地面，公园内承重、防水和坡度合适的房屋屋面都被建成"绿色屋顶"。绿色屋顶共有8层，最底层为原建筑顶，逐渐向上为防渗漏层、隔根层、保湿层、蓄排水层、过滤层、种植层，最上面一层为植被层，不仅利于屋面完成雨水的净化，还能节能减排，且减少了对水源的直接污染。

　　沿着河边行走，能遇到数座横跨河流的小桥，让人不禁想起那个留存在传说中的"二仙桥"，历史与当下在这里隐约重合，又似乎是对传说的一种延续，一种回答。

激情岁月：东郊轨道交通的崛起

铁路是"国民经济命脉"，中国铁路发展史，见证了国家百年的巨变。

　　1951年，为配合成渝铁路的修建，铁道部选址在成都二仙桥地区，建设铁道部成都机车车辆厂。这是中华人民共和国第一座自行设计建造的机车车辆工厂，也是全国铁路工业系统第一个转产内燃机车检修的机车车辆工厂，还是全国铁路工业系统第一个荣获国家质量管理金奖的机车车辆工厂。

　　与成都机车车辆厂一同上马的，还有国营红光电子管厂、420厂等一系列关乎国计民生的工业项目，共同开启了工业成都的伟大序幕。

成都机车车辆厂的前身[①]

　　1876年，中国第一条营运铁路——吴淞铁路在上海至吴淞港码头之间建成，虽然仅运行了一年时间就被关停，但这次短暂的尝试却点燃了中国铁路发展的星星之火。之后的几十年中，中国的铁路事业通过不断斗争与积累艰难发展，引领着中国现代工业发展的脚步，在人民的鲜血与汗水中一点一点延伸。

　　1928年11月，南京国民政府铁道部正式成立，终于可以较为系统、全面地规划全国铁路。国民政府建设委员会委员长张静江，鉴于煤焦供应关系到民族工业之发展，遂于安徽省淮河岸边九龙岗等地勘定淮南矿区，着力经营开发。

诞生

　　淮南，位于安徽省北部的淮河沿岸，毗邻南京，交通便利。此处煤炭资源丰富，早在明洪武年间就有煤炭开采的活动。1930年，淮南九龙岗1—4号矿井陆续开工，3月27日，淮南煤矿局正式成立。翌年，2号井位置建立了"淮南煤矿局选煤厂"，以大通、九龙岗为源

---

① 参考文献：1. 孙学海：《淮南煤矿老建筑探秘：淮南铁路局大院》，淮南矿业网，2018年12月19日。2. 张卫东、徐强：《淮南矿路股份有限公司的经营状况（1945—1949）》，《淮北煤炭师范学院学报》（哲学社会科学版），2009年8月。

头，煤炭源源不断地运往全国。

很快，运程迂缓、费繁耗重的线路就不能适应日益增长的运输需要。1934年，随着矿产开采规模的扩大，张静江特地邀请天津大学教授程士范出任淮南煤矿铁路总工程师，负责淮南铁路的设计和建设。1934年6月，九龙岗至合肥段开工修建，同年12月建成通车。

修好铁路，只是第一步，为了配合铁路运营的需要，1934年12月，钮因梁先生组建了九龙岗机车修理厂，简称九龙岗机厂，规模仅和一个小机务段相若。

1934年，中国的内忧外患愈加严重，小小的九龙岗机厂的诞生，只是微不足道的一件事。但在之后的历史洪流中，淮南矿路几经破坏与重建，始终作为华东铁路的咽喉，为整个华东地区源源不断地输送资源。而原本依附于它的九龙岗机厂，却与之分割，千里迁徙，扎根西南，并在此繁衍生息、不断壮大，成为成都工业文明史上不可忽略的一笔。

宋氏企业

1936年，九龙岗机厂归属新成立的淮南铁路局管理。1937年，南京国民政府将淮南铁路局交给宋子文财团，在获得国民政府实业部颁发的营业执照后，矿路公司随之在全国发行股票进行交易流通。张静江苦心经营的淮南矿路事业从此改变了国有性质，成为宋子文的私有资产。

宋子文对淮南矿路的私营化改制尽管出于私利，但公司利用他在当时社会上非同一般的地位和影响，也获得了极大的提升。公司特地从捷克引进了十六台改进后的机车，三百多辆煤车和一列客车，以九龙岗为中心，全面负责管理、调度和维修。不仅煤炭和铁路迅速发展，金融和电力产业也有涉及，一时间产出量大增。私营化改制当年，淮南地区生产煤炭一百零四万吨，首破百万吨大关。

沦入敌手

然而，这一年的风生水起不过是昙花一现。8月，日军在上海发动"八一三事变"，国民政府激烈反抗未果，11月，上海沦入敌手。年底，节节败退的国民政府在南京保卫战中失利，12月，日军的铁蹄

▲ 淮南九龙岗机车修理厂　中车成都公司供图

踏入了南京城，随后便展开了惨绝人寰的大屠杀。皮之不存，毛将焉附，距离南京不足两百公里的淮南顿时危若累卵。

1938年6月，日军侵入了淮南。深入中国腹地的日军为了推行"以战养战"的策略，在侵占淮南以后，立即开始掠夺当地的资源。当月，日军特务部淮南炭田调查队到淮南煤矿进行第一次调查。8月，日本铁道省调查团、三井及三菱调查班等，花一个月的时间对淮南煤矿又做了详细调查。9月，淮南煤矿局（九龙岗矿）由三井矿业会社接手经营。

1939年4月21日，日本兴亚院在华联络部将两矿合并改为"日华合办淮南煤炭股份有限公司"，该公司直接在日本侵华军军部控制之下。总公司设在上海，并在淮南设立"淮南矿业所"，所长是川口忠，九龙岗矿长是藤义魂。

日军侵入中国期间，为了更好地支撑战争，对占领区的煤炭、铁路等产业格外重视，此时的九龙岗机厂，已经是千疮百孔的淮南铁路线上仅存的机厂了，对于急需运输煤炭资源的铁路来说尤为重要。正因如此，九龙岗机厂得以苟延残喘，让身在其中的工人勉强能够生存。

厂子需要有经验的工人来干活儿，但在当时，懂得机车修理技术的工人不多，抢手得很，往往是先找到一个人，再由这个人去找原来的工友或者认识的工人，一个带一个地招人。

安徽徐州的王德仁一家就是如此。王德仁的父亲原先在徐州工厂修火车头，他有个朋友，先跑去九龙岗机厂探了探，发现厂子还能运行，工人们也暂时还安稳，于是又回来拉了六七个人过去，其中就有王德仁的父亲，王家一家八口就这样来到了九龙岗。

▲ 淮南九龙岗机车修理厂　中车成都公司供图

随着战争的深入，社会环境也一天比一天恶劣，粮食短缺，物价飞涨，生活朝不保夕。1942年，当时才十一岁的王德仁，为了能混口饭吃，便谎报年龄十六岁，报名进了父亲和大哥所在的九龙岗机厂当工人。那个时候，谎报年龄是常态，年纪小的往大了报，超过年纪的往小了报，谎报幅度能达到五六岁。

跟王德仁一批的有四十多人，都是十几二十岁的年轻人。日本人为了培养中国人为他们服务，选了一批孩子到办公室里工作，他们被称为"小孩儿"，这些孩子专门做些端茶倒水的杂事。而对新进厂的年轻工人则制定了特别的培训政策，叫作"技术养成"：半年学日语，半年下厂劳动学技术。根据车间，还分了几个技术单位，可以自己选择报名，有车工、钳工、油漆工、铸工等。王德仁选了钳工。

十一岁的王德仁还沉浸在有了工作有口饭吃的喜悦里，并未意识到，从这天开始，他的命运就和九龙岗机厂紧紧联系在了一起。他随着工厂历经沉浮、背井离乡，又在陌生的大西南安家立业，九龙岗机厂——后来的成都机车车辆厂已经退出了历史舞台，而这位年近九十的老人依然居住在车辆厂的家属楼里，陪伴着这座厂区最后的余晖。

再回"宋氏"

1945年上半年，工厂从吴淞、浦镇、戚墅堰等机车车辆厂调来一部分机器和人员，人数增加到四百人左右。9月，日本终于正式投降，退出了中国的领土。宋子文的公司再次接管了淮南煤矿和铁路及一应配套工厂，将淮南、大通两矿合并，并将原淮南铁路及日本人所建的田家庵电厂等机构，合组为新的淮南矿路股份有限公司，各项工作开始步入正常化。

淮南铁路只有田家庵至水家湖一段尚存，九龙岗机厂倒是基本完好，六台机车、十辆客车以及二百五十多辆货车还勉强能用。经过紧急修复，1948年夏末，淮南铁路再次全线通车，矿路医院、学校、面粉厂、煤球厂、农林实验室等也逐渐兴办起来。一方面产煤量逐渐增加，各种工作效率均有所进步，另一方面与生产生活有关的配套设施也逐步齐全，对工人的安排也趋于稳定。

王德仁还记得，国民政府接手后，就把他们这些年轻工人集中到一个办公室里，一个个问话："多少岁了？说老实话吧。"当时已经十四岁的王德仁思忖着以自己现在的年龄应该不会被赶回去了，于是就老实说了。结果，原来在办公室里端茶倒水的"小孩儿"被辞退了，而包括王德仁在内的一批车间工人被留了下来，到办公室里接替那些"小孩儿"的工作，就这样在厂子里继续生活下去。

自发护厂

1948年末，被称为"解放战争三大战役"之一的淮海战役大获全胜，国民党军队在南线的精锐主力损失殆尽，淮南地区也被仓促放弃。在当时的华东地区，中共地下党的发展较为成熟，又经过淮海战役中几乎全民参与的民工支前，共产党已经是民心所向。在1948年6月，淮南矿路公司铁路工人就发生过大罢工，九龙岗机厂工人亦积极参与其中。国民党退走之后，九龙岗机厂处于无主状态，工人们就在地下党的组织下成立了"护厂队"，自发地保护厂区、煤区和矿区。有国民党军队的残部经过这里，想要占领工厂，也被护厂队齐心协力地抵抗住了。

王德仁的哥哥，王家的大儿子，就是护厂队的一分子。当时，他们在地下党的组织下，早已经成为积极分子。组成护厂队后，他们三人一组，拿一个手榴弹，其他两人就拿着石头等当武器，分班巡夜，保护人民财产不被侵占。护厂队不仅责任心重，纪律性也很强，护厂护矿的工作连家人也没有透露，直到中华人民共和国成立以后，王德仁才知道哥哥曾经有过这样的光荣经历。

到了1949年，淮南解放，由工人们严密保护起来的工厂、煤矿和铁路，被完整地交到了人民的手中，由中央人民政府铁道部济南铁路管理局领导。

两次迁徙①

1950年6月，国际、国内发生了两件大事。

6月15日，在成都西南军区大操场举行了成渝铁路开工典礼，邓小平同志莅临致辞，贺龙同志亲手将一面绣有"开路先锋"的锦旗授予筑路大军。

6月25日，朝鲜战争在朝鲜半岛爆发，随后在美国、中国、苏联等多个国家的参与下发展为一场大规模的局部战争。

这两件事相隔千里，看似毫无关系，但在不久之后，却悄悄改变了安徽淮南那个小小的九龙岗机厂的命运。

为了新中国第一条铁路

早在进军大西南之前，作为四川人的邓小平就常和刘伯承说："我们到了四川，一定要把成渝铁路修好。"1949年6月中旬，邓小平在率二野进军四川之前，在当时上海市市长陈毅的家里见到了兵工专家陈修和。陈修和是陈毅的堂兄，四川乐至人，抗战时期，在西南

---

① 参考文献：1. 张孝良：《新中国第一条铁路建设始末》，《人民交通》，2017年。2. 杨治钊：《邓小平与成渝铁路建设》，《文史春秋》，2017年第3期。3. 俞荣新：《成渝铁路修建背后》，《红岩春秋》，2014年08期。4. 李晓帆、裴睿、张晨曦：《1952年 成都被国家列为八个重点建设的中心城市》，《成都日报》，2011年5月29日。

负责兵工军械工作，对西南情况非常熟悉。彼时，邓小平刚刚接到中央命令，要担任新成立的中共中央西南局第一书记，见到同为四川人的陈修和非常高兴，积极向他了解西南的情况。在谈话中，邓小平问："目前成渝铁路是什么样子？"陈修和知无不言，针对铁路修建中可能会遇到的问题给出了许多宝贵的建议。8月17日，邓小平专门派二野军械处处长陈志坚带着他的亲笔信，到上海拜访陈修和，请他帮忙物色技术人才。陈修和不负所望，为西南建设精心物色了几十名兵工技术专家，组成了一个技术大队，让邓小平对修建成渝铁路多了一分底气。

1949年12月8日，中共中央西南局正式进驻重庆。邓小平在西南局扩大会议上，正式做出了"兴建成渝铁路，造船修建码头"的重要决策。12月31日，邓小平在主持中共中央西南局常委办公会议时说："要以修建成渝铁路为先行，带动百业发展，不但可以恢复经济，而且可以争取人心，稳定人心。"

翌年，邓小平亲赴北京向毛泽东主席请示修路事宜。当时的新中国，财政困难，条件不足，单就铁路来说，至少有两条亟待开工，一是海军提出修建从山东蓝村经烟台到浙江萧山的铁路，以备海防；二是新疆的王震给中央打了四五次报告，请求加快宝兰、兰新铁路建设，以巩固西北边防。这些都是迫在眉睫的任务。因此，面对邓小平提出的成渝铁路修建的请示，毛泽东说，你能说服我，我就鼎力相助，否则，就暂时搁置。邓小平便讲了三点：第一，四川交通闭塞、政令不畅，古人云：天下未乱蜀先乱，天下已治蜀未治。不修铁路，不利于四川的政令畅通。第二，重庆、成都是西南中心城市，如修建铁路，可以带动四川乃至西南百业兴旺，并向全国提供优质大米、猪肉、禽蛋和副食品，互通有无。第三，新中国成立以来，中国人还从未自行设计、自行施工修建铁路，如果成渝铁路率先修成，既可提高中国的国际声望，也可使大大小小的工厂订货充足，加快工业发展。

这三条理由让毛泽东下定决心："修成渝铁路，先期启动资金拨2000万公斤小米工价。"由于国家财政困难，党中央和政府特别指示："依靠地方，群策群力，就地取材，修好铁路。"因此，动员一切可动员的力量，想方设法修好铁路，是解决成渝铁路修建问题的基本思路。在这个思路下，成渝铁路的修建抽调了军队、当地工人、失业人民甚至乞丐游民等多方劳动力，集合了原国民政府"成渝铁路局"和全国各地铁路局的大批专家、干部及技术人才，获得了西南地区各行各业乃至平民百姓的人力、物力支援，甚至由中央协调，调集了全国其他地区的厂区客车、人员及设备前往重庆配合铁路修建。铁路开工后，所需干部和各种专业人员，经中共中央西南局、西南军区、中央铁道部先后调来1200余人。

远在安徽淮南的九龙岗机厂，就是在这样的背景下，被征调前往西南支援的。

1950年6月，朝鲜战争爆发，不久之后中国即决定抗美援朝，全国各地都收到了抗美援朝的动员令，人人都踊跃参与。王德仁当年已经是十九岁的小伙子，正是血气方刚的时候，立刻报名参军。在他的记忆里，当时全厂几乎所有人都报了名，大家都热血沸腾，一心要保家卫国。但不久之后，在铁道部部长滕代远的安排下，九龙岗机厂被选中调往成都。王德仁还记得，当时领导怕他们不愿意离开家乡，专门给大家做动员工作：大家不是都想报效祖国吗？方式很多，不必都上战场，还有同样重要、同样光荣的任务要交给你们——到大西南去！去支援西南建设！去为当地修建铁路！

在此之前，这些祖辈生活在此的人也许连四川是什么样都不知道，但怀着为祖国分忧的热情，九龙岗机厂整个厂——所有车间、设备、管理人员、工人，随着一声令下，就毫不犹豫地前往陌生的巴蜀大地。

1951年8月，全厂职工共451人，分三批前往重庆。王德仁一家是第一批走的，一共八口人，走得十分轻松，任何家具家什都不让带，只能带点随身衣物之类的细软。王德仁记得，自己的行李一个小箱子就装完了，拎在手上都不算重。组织告诉他们，那边已经在给大家修建职工宿舍了，到了地方什么都准备好了，房子修好，床、桌子、凳子、柜子都有，大家只管放心过去就是。

王德仁随着第一批先锋，先坐火车到武汉，再从武汉坐船。逆流经过三峡时，壮阔的江景让年轻的小伙子热血沸腾。到了重庆，第一批人就被安排去了九龙坡，第二批去往江津，第三批也到了这两个地方。到了九龙坡，王德仁发现，相比已经比较成熟的淮南，九龙坡实在是简陋。这里原本有一个极小的机械厂，迁来的工厂就安排在这里，沿着路走过去，两边是两排粗粗搭建起的车间，而他们的住宿地点就在厂子周围的山坡上，四周一片荒芜。

9月，九龙岗机厂全部人员及设备到位，与原西南铁路工程局机车车辆装修大队合并，成立重庆九龙坡临时机车修理厂，共计521人。

▲ 九龙坡临时机车修理厂　中车成都公司供图

　　而该机车车辆装修大队当时仅有70人，早在一年前，就开始为成渝铁路服务了。

　　1950年7月底，成渝铁路的路基已经基本形成，铺轨架桥、路料运输，急需机车车辆，而当时四川还没有铁路，火车头怎么运进四川呢？邓小平转换思路，改走水路，请求海军支援了登陆艇，将32台机车、57辆客车、484辆货车、21万吨钢梁等材料，化整为零，分批分期装船，走长江水道运至重庆九龙坡码头。

　　然而，把物资弄上岸，也不是个简单的事。一台机车重100多吨，一辆客车长18米、重20多吨；一辆货车长11米、重10多吨；一孔钢梁20多吨……如此庞然大物，只能拆解后堆在九龙坡码头仓库里。拆完了，还得装。9月，便又组成了机车车辆装修大队，专门负责组装和维修，工人们加班加点，日夜赶工，在极其简陋的条件下，全力组装集成车辆零部件。5个月里组装机车8台、平板车27辆，满足了铺轨、架桥、开行工程列车的需要。

这样傲人的成绩，足以让原装修大队的工人们在后来者面前挺直腰板。而对于原九龙岗机厂的人来说，当然是不服这口气，暗暗咬牙要在之后的工作中超过对方。

很快，机会就来了。

当时，九龙坡临时机厂还没有什么机车需要修理，更迫切的需要是为铁路提供配件。如今已年过九旬的吴长训清楚地记得，1952年3月，上头给厂里下达了一个看起来"不可能完成"的任务：修造52套道岔、5套弯轨器、2500套穿钉螺丝，要尽快做好，因为成渝铁路必须在7月1日通车。

巴蜀大地地形复杂多变，铁路也很难保持直线前行，这就需要弯轨器来将轨道弯曲到合适的弧度。而道岔则是一种使机车车辆从一股道转入另一股道的线路连接设备，是列车行进中错车、转换必不可少的。顺着铁路，上面要拉电线，就需要穿钉螺丝，电线拉好了，才能通车。而当时的重庆，没有能做这些的厂子，重任就完全压在了九龙坡临时机厂的头上。而当时已经是3月底了。时间紧，任务重，当时铁路局的局长、铁道部的副部长亲自到厂里向工人们做动员，要求大家群策群力，务必保质保量按时完成。

那是一段日夜奋战的日子，每个人都充满干劲儿，积极性特别高，机器24小时不停地运行，工人们轮班赶工，大家拼着一股劲儿，绝不能给成渝铁路拖后腿。到了5月底，这批配件竟然真的全部交付完成！那也是一段至今让吴长训难以忘怀的日子，真正的万众一心，真正的齐心协力，纯粹而激情的时光。

　　除此之外，临时机厂还参与了重庆当地不少的城市基础建设，比如重庆大礼堂的钢架就是他们生产提供的。王德仁记得，领导还给他安排了个特别的任务——去成渝铁路沿线的小火车站维修磅秤。当时车站用来称载重量的就是这种磅秤。王德仁是学钳工的，哪里知道磅秤怎么修？但组织安排的任务，想方设法也要完成。不会，就学！王德仁临时找了些跟磅秤相关的书，对着磅秤边看边修边琢磨，就这样硬生生把磅秤修理这一套技术给摸熟了，顺利完成了任务。

　　终于，在数十万人的艰苦奋斗下，1952年7月1日，新中国成立以来第一条由中国人自己设计、自己建造，材料零件全部为国产的成渝铁路，在重庆、成都两市同时举行隆重的通车典礼。成渝铁路从1950年6月15日开工，至1952年6月13日铺轨到达终点站成都，总计完成正线铺轨505.06千米，侧线136.67千米。这是中国铁路史上的一个创举，中国的铁道建设领域的"长征"终于迈出了第一步。同时，也拉开了新中国大规模进行经济建设的序幕，改变了四川交通的格局，对新中国成立初期成都、重庆乃至整个西南地区国民经济的恢复都有着重大的历史意义。至今，成渝铁路仍是联系成都与重庆及两地辐射的川西川东地区的重要交通干线。

工业先锋，立足东郊

　　1950年，是中国城市建设的一个黄金时代。革故鼎新的华夏大地，百废待兴，百业待举，多个城市在工业化建设的背景下开始城市规划工作。由于当时中国绝大多数城市工业基础薄弱，在苏联大规模的物资与技术援助下，不少城市的工业布局基本是在"苏联模式"影响下展开的。成都也不例外。

1950年7月，经中央人民政府正式批准，李宗林被任命为成都市市长，米建书、李劼人为副市长。1950年9月，李劼人正式就职，在市政府分管民政局、文教局、卫生局、建设局四个局，并对成都的自然及经济情况进行了调查、勘察，进而根据调查所得资料，制订成都市建设设计规划，让此后城市按规划设计发展。1953年，成都市开始编制城市总体发展规划，规划确定成都市的性质为：省会，以精密仪器、电子、机械及轻工业为主的工业城市。在苏联以"工业建设"为核心的思路下，成都依托原先蜀王宫皇城基础扩展圈层结构，奠定了"东城生产、西城居住"的基本格局。

早在1950年，几乎与成渝铁路修建的同时，铁道部就决定在成都筹建成都铁路工厂。1951年春天，西南铁路工程局正式成立成都建厂工程处。8月，当时的铁道部副部长、铁路机车车辆工厂的组织者和开拓者石志仁来成都最后确定了厂址：二仙桥。其时，位于成都东面的二仙桥，还不属于成都的人口密集的城区范围，只有一些零星的小村庄和田地、水塘，最引人注目的则是一大片的坟包，颇有些凄清之感。但这里地域宽阔，临近站台，正好方便给从东进入成都的成渝铁路提供服务。

可以说，成都铁路工厂，是成都东郊工业建设的先行者，国家对铁路交通的需求刻不容缓，让它随着成渝铁路的修建比其他工厂先半步落地发芽。1951年，为了尽快接纳即将到来的数百职工，成都铁路工厂的职工宿舍及厂区仓库率先破土动工。1952年6月，九龙坡临时机厂刚刚成功完成了为成渝铁路提供配件的艰巨任务，新建的职工宿舍十栋平房也顺利竣工。11月，又紧接着投向机车、转向架、附件车间、联合厂房的兴建中。

1953年5月，铁道部下达了成都铁路工厂计划任务书，其生产要求为：第一期年大、中修蒸汽机车160台，铸铁800吨，铸钢300吨，锻铁700吨。

同年，苏联专家亚罗申科应铁道部邀请，担任工厂厂务顾问，协助工厂贯彻以建立健全规章制度、推行作业计划、整顿生产秩序为中心的"301号部令"。苏联专家深入车间调研，针对生产管理中存在的问题提出了109项建议，逐步建立起指挥生产的一套计划体系及在生产过程中起核心作用的技术组织和措施。铁道部将这些建议汇编成册，印发全国铁路工厂贯彻执行。正在如火如荼建设中的"成都铁路工厂"也随之改建为"机车修理工厂"，重新编制初步设计。

1954年，主要厂房基本修建完毕。当时，成渝铁路已经正式运营了两年，所用机车车辆也到了需要修理和养护的时候，但第一条出川的铁路——宝成铁路还在建设当中，机车无法送到其他工厂修理。于是，铁道部决定：九龙坡临时机厂的搬迁尽快开始。

11月11日，人员和机器设备开始迁往成都，12月28日全部迁完。工厂正式改名为"成都机车修理工厂"。

工人们到达这里的时候，一切都是崭新的，又是粗糙的。阔大高耸的厂房还带着新建筑特有的生硬和空荡，青砖砌成的平房宿舍未经风雨，显得格外齐整，厂区还没完全修整完毕，不远的地方，有些坟茔被迁走了，有些还留着，挖开的穴里翻出湿润的土壤。像当时无数

▲ 成都机车修理工厂　中车成都公司供图

苏联援建的工厂一样，成都机车修理厂的厂区也是采用苏联人的设计方案修建的，带有明显的苏式特色，尤其是厂部大楼，现在许多都作为成都工业遗迹保护留存下来。

工人们按家庭人口有序地迁入了宿舍，果然像之前说过的那样，什么都安排好了。王德仁的大哥已经成家，分了出去，剩下的五口人搬进了两间房里。王德仁还记得，当时房间里已经摆放着一个衣柜、一套桌椅、一架板床。从此，这就是他的家。

与此同时，为了加强工厂的实力，铁道部又抽调了武汉江岸、青岛四方、株洲田心、江苏戚墅堰等兄弟铁路工厂的一批人员前来补充。麻雀虽小五脏俱全，生产单位设立了机车、锅炉、翻砂、锻工、车辆、动力、机械、修配场和运输班，管理机构设厂长室、人事、劳动工资、生产计划、技术设备、技术检查、财务会计、材料、总务、保卫股。主要任务是修理机车、货车，制造机车车辆配件及其他新建铁路工程用材。此时，工厂职工达511人，其中工人400人，工程技术人员59人，管理人员34人，其他人员18人。职工来自祖国四面八方，南腔北调汇集成了一个热闹的大家庭。

　　1954年12月，工厂生产单位由场改为车间，开始了生产。

在时代的浪潮下①

1954—1957：过渡时期

成都机车修理厂修理的第一台机车，就在迁厂结束的这个月完成了。这是一台JF型蒸汽机车，名为"解放"。其实，JF型机车刚开始是美国为伪满铁路设计制造的货运机车，取名"米卡多"（Mikado），意为"天皇"。以后美国、捷克、日本、法国、中国陆陆续续生产这一系列的机车，其型号有二十多种。中国开始自己研制机车后，便先选择了这种数量最多、功率较大、性能较好的旧机型来仿制。因此，这也是成都机车厂接触的第一台国产机车。

虽然顺利开工了，但在1955年至1956年期间，工厂其实一直处于边生产边建设的过渡状态，人生地不熟，厂区还在加紧建设中，设备不齐全，人员也混乱。而且，这段时间的任务比较杂，一会儿要求修机车，一会儿要求修货车，刚刚发展起来的厂子，也在不断摸索试验中前行。不过，在全厂职工的共同努力下，还是成功修理了53台蒸汽机车，缓解了新中国铁路运营的燃眉之急；又临时承担起货车修理任务，修理及改造货车109辆；还承担了一批机车车辆配件和新建铁路工程器材的制造任务，满足了当时西南铁路建设和运输事业的需要。

① 参考文献：中华泰山网：《历史事实，又一次为万里作了鉴定》，新浪网，2015年7月16日。

　　1957年，宝成铁路全线建成，至此，四川有了第一条出川铁路。铁道部决定从1958年1月1日起，将原属重庆铁路管理局领导的成都机车修理厂移交铁道部机车车辆管理局领导，并将江岸机车车辆厂修理部三百多名职工及设备调入该厂。同时，还从戚墅堰、唐山、南口、长辛店、沈阳、济南等机车车辆厂调入一批干部和技术工人，工厂的技术管理力量得以充实，职工增至一千余人。建厂第一期工程全部结束，国家副主席朱德亲临工厂视察工作情况，给全厂职工以极大的鼓励。工厂开始了正式生产。

1958—1968：蒸汽机车时代

　　1958年是忙碌的一年。6月，机车厂第一期建厂工程交验合格。由于当年全国生产"大跃进"，铁路运量急剧上升，要求机车车辆修造数量也随之陡然增加，铁道部在下达了工厂第二期扩建任务书的同

▲ 工建型蒸汽机车　中车成都公司供图

时，还规定工厂年修机车150台、客车300辆、货车3600辆等的任务量。

工厂一方面要千方百计多修车，另一方面还要努力探索新造机车。10月，机车厂试制出第一台工建型蒸汽机车。这款机车是欧洲蒸汽机车风格，但却由大连机车车辆厂设计，并交由太原机车车辆厂、成都机车车辆厂生产。

这一年，机车厂还在繁忙的任务间隙，炼出了工厂第一炉钢水。尽管这种钢水质量还不够完美，但却填补了成都市工业战线上铸钢生产的空白。

为适应生产需要，招工5229名，全厂职工数量一下子涨到6653人。轰轰烈烈的"大跃进"时代开始了。

由于铁路运输需要和职工人数的急剧攀升，无论工厂车间还是生活区域都不够用了。为了保证生产，1959年，铁道部规划：将工厂扩建为"年新造机车200台，新造货车7000辆"的工厂。鼓起干劲的工厂一面进行施工，修建了机械车间、铸钢车间等，一面克服困难抓紧时间完成生产任务。月月提前完成指标，连续三次获得铁道部优胜红旗。全年修理机车增加到104台，新造货车57辆，新造机车20台，其中有7台用于支援朝鲜。

这一年，工厂还自行设计制造出首台蓉建型蒸汽机车，这是专为地方铁路设计制造的窄轨蒸汽机车，主要用于矿山运输，一直到1965年才停止生产，共制造了70台。

翌年，朱德同志又一次来到了工厂视察建厂工程，并对进度表示满意。在领导人的鼓舞下，全厂职工更是奋勇向前，成立了"机车"和"钢铁"两个指挥部，在现场办公，昼夜不停。全年7次获得铁道部优胜红旗，修理机车共158台，超过了建厂第一期工程的生产纲领；新造机车111台，新造货车133辆，并为支援农业制造了插秧机、打糠机等共计57种633台。与此同时，工厂还积极进行技术革新，完成重大革新735项。

"大跃进"时代的突飞猛进固然让生产大幅度提高，但急于求成所造成的各种问题也开始显现。从1961年开始，工厂根据中央"调整、巩固、充实、提高"的方针及铁道部关于"先修后造、以修为主、质量第一"的指示，对工厂进行了全面整顿。停止了一味新造机车，将重心转移到提高产品质量上来，总结经验教训，整顿厂里纪律，建立健全机制。在接下来的几年里，陆续精简职工及家属临时工两千余人。稳扎稳打向前迈进，反而在1964年修理机车227台，主要经济指标赶上或超过了工厂历史最高水平，有14项指标都达到了全路同类型工厂的先进水平。

1965年，在修车质量上表彰和提倡坚持精益求精的精神，结合练基本功，开展了技术革新活动，完成革新项目457项。同时，大连机车车辆厂从1958年就开始尝试制造ND型内燃机车，1964年技术发展得比较成熟，开始批量生产。于是，成都机车车辆厂也开始为修理内燃机车做转产准备工作。

1966—1976：曲折中前行

恰在此时，"文化大革命"开始了。

在之后的十年里，工厂始终在各种运动对生产的干扰冲击，以及努力恢复正常生产秩序的反复中曲折缓慢地前行，生产经营和精神文明建设都遭受了巨大损失，工厂基本处于半停产状态，生产数量锐减到一半以下。

但在如此受限制的情况下，对内燃机车转产的准备依然在艰难地进行。那时，多种铁路机车都改取富有"革命"气息的名称，例如"和平""反帝""韶山"等。ND型内燃机车也根据铁道部指示更名为东风型内燃机车，自此开始了中国铁路以"东风"命名的电传动内燃机车家族的生产历史。关于这个名字的由来，还流传有一种说法，是来自毛泽东主席所说的"东方压倒西风"一语，寓意着中国自强自立、立于世界强国之林的志气。作为中国铁路运输的助力，东风内燃机为中国铁路服务了逾四十年，外形上还带着很多苏联老大哥的机车风格，绿色的车体上有两条黄色的V形飘带。对于这代广为人知的机车，人们往往尊称其为"老东风"，不久后建成的成昆铁路，采用的便是这墨绿色的"老东风"。

1968年7月，成都机车车辆厂结束了修理蒸汽机车的历史，铁道部确定工厂修理内燃机车的生产纲领为：年修内燃机车150台。前期充分的准备终于有了用武之地。8月，工厂开始试修东风型内燃机车，成为全国第一个转修内燃机车的工厂。10月，组织了转产工程大会战。12月，完成第一台东风型机车大修的任务，本年共修理了2台内燃机车。

小试身手就大获成功的成都机车车辆厂顿时信心大增，放开手脚接收内燃机车。翌年，工厂修理内燃机车57台，与前一年相比，有了飞跃。

1971年，"批修整风""一打三反"的运动如火如荼地展开，工厂职工子弟中部分知识青年响应国家号召，奔赴云南支援边疆建设。工厂在修理66台内燃机的基础上，还试制成功第一台204牵引电机，从此，工厂正式进入电机新造业务领域。

在之后的五年里，"运动"愈演愈烈，社会动荡不安，工厂生产也大受干扰，每个身在其中的人都受到不同程度的影响。1974年，工厂仅修理了23台内燃机车，降到谷底，基本处于停滞状态。如此状况让人心急如焚。其时，并不只成都机车车辆厂是如此态势，被誉为国民经济大动脉的铁路运输整个都受到严重冲击，全国不少铁路处于半瘫痪状态，主要干线严重堵塞，运输生产大幅下降，重大事故频频发生，车辆损坏严重，得不到及时修理。

1975年，邓小平复出。面对当时的混乱局面，为挽救濒临崩溃的国民经济，邓小平决定展开全面整顿，并把铁路系统定为全面整顿的突破口。1月13日到17日，全国人大四届一次会议在北京举行，在这次会议上，万里被任命为铁道部部长。

在此之前，万里并没有从事铁路工作的经验，面对几近崩溃的铁路系统，他心里难免有些打鼓。但当时的情况下，已经不容许他有任何退缩了，对国家的责任感与对老领导邓小平的感激信任，促使万里临危受命，站到了改革的风口浪尖。

万里就任以后不到二十天的时间里，邓小平两次会见他，与他探讨目前铁路系统存在的问题，并且指示必须要用最快的速度、最有力的措施，迅速改变铁路面貌。3月5日，由万里起草、邓小平审阅、毛泽东圈阅的《中共中央关于加强铁路工作的决定》下发，这就是著名的9号文件。文件简洁有力地传达了五条纲领性的决定，为之后铁路系统的成功整顿奠定了基础，在国民经济各行各业的整顿中也发挥了指导性作用。

紧接着，万里带着文件跑遍了全国几乎所有铁路局，前往一线进行整顿，成效巨大。成都机车车辆厂也是其中一站。万里亲临工厂检查并指导工作，工厂生产顿时一改颓势，全年修理内燃机车135台，是上一年的近5.9倍！

然而好景不长，1976年，"四人帮"掀起了"反击右倾翻案风"，对邓小平、万里均进行了批判，刚刚好转的形势又发生了逆转。这一年，对于铁路系统、对于全国人民来说，都是悲伤的一年，铁路生产再次被混乱的形势所影响。好在，10月，党中央一举粉碎了林彪、江青反革命集团，长达十年的"文化大革命"结束。乌烟瘴气了十年时间的形势顿时风朗气清，工厂的生产、工作迅速走上了健康发展的轨道，成都机车车辆厂也迈入了新的历史发展时期！

1977—2013：从内燃机车到电力机车

进入新阶段的成都机车车辆厂，生产活动可谓蒸蒸日上，机车修理量逐年上升。1979年，工厂获得了"全国先进企业"称号，并受到国务院嘉奖。

1980年，铁道部正式批准工厂承担ND2型内燃机车修理任务。这是一款从罗马尼亚引进的内燃机车车型，一开始是罗马尼亚为抵偿中国债务、作为"以物抵债"提供给中国的机车。早前，罗马尼亚从瑞

▲ 机车存车线，用于存放待检修的机车和已完工待发运的机车　中车成都公司供图

士全套引进技术专利和生产许可授权后大量生产060 DA型机车，为了向中国偿还债务，罗马尼亚在此车型基础上，根据中国铁路的要求进行了改进，这就是ND2型机车，其中，"N"代表内燃机车，"D"代表电力传动，"2"代表第二种进口内燃机车型号。

进入20世纪80年代，成都机车车辆厂意气风发，大步向前。1984年和1989年，成都机车车辆厂两次荣获了国家质量管理奖！全国几十万家企业，86家榜上有名，仅9家企业二度获奖，铁道部和四川省内，仅成都机车车辆厂享此殊荣！

1986年8月，工厂主动出击，揽下了增加我国干线主车型——东风4型内燃机车生产的重任！工厂领导勇立军令状："一年内拿不出来，扣三个月工资，就地免职。"

作为中国首次设计研制的交-直流电传动内燃机车，东风4型从研制到成熟经历了一段坎坷的历程，经过了大量设计改进和试验研究后才成功。成都机车车辆厂不过是个修理厂，如何能做到？

然而，十个月后，成都机车车辆厂竟真的把东风4型机车的配套产品——410kW牵引电动机和3000kW牵引发电机生产出来了！

紧接着，设计、出样机、通过部级鉴定……成都机车车辆厂没有食言，年末，一台新组装的内燃机车就展示在世人眼前。紧接着，东风4型配套电机便投入批量生产，工厂顺利走向"以修为主、修造兼营"的新里程。

然而，我国的铁路发展势头迅猛，内燃机车尚在发展，电力机车已经迎头赶上。其实，早在1958年，我国就开始了对第一代电力机车的研发，因最初在毛泽东故乡，即韶山地区附近的株洲联合湘潭电机厂研制生产的，故名"韶山"。这款机车在苏联的H60机车基础上演

▲ 东风4型机车　中车成都公司供图

变而来，又经过了多次重大改造以及长时间的试运行，1986年第三代韶山3型电力机车投入批量生产。

然而，成都机车车辆厂直到1992年才试制成功匹配韶山7型电力机车的850kW电机。这个时候，曾经锐意进取的成都机车车辆厂在改革开放后飞速发展的经济时代显得有些力不从心。机车的更新换代越来越快，老一套的企业管理制度和沉重的"厂办社会"包袱，渐渐拖慢了车辆厂的脚步。尽管机车厂依然保质保量地完成每年的任务指标，依然不断努力细化管理方式、革新生产技术，甚至还扩建了机车、柴油机、热处理、弹簧工部厂房及共用系统等，并获得了国家二级企业的称号，但亏损的事实却让人不得不承认，在当时，这些是远远不够的。

1998年，被市场冲击得有些发蒙的成都机车车辆厂终于醒悟过来，开始尝试以市场为导向，增大产品开发力度，积极筹备电力机车厂修，朝着机车修理多品种、电机新造上水平、车辆检修上批量的方向挺进。2000年，成都机车车辆厂利用成都市政府把二仙桥地区规划为仓储基地和物流中心的机遇，与成都火车东站等四家企业联合组建爱普利物流有限责任公司。同时，加大与辅助系统分厂、后勤等分离的力度，促使分厂市场化、后勤社会化。种种举措让车辆厂得以扭亏为盈，恢复了部分市场份额，缓过一口气来。

2000年，公司第一台SS1型电力机车试修成功，公司机车检修迎来"内电并举"时代。

2001年，公司按照"精干主业、分离辅助、剥离后勤"的思路加快改制步伐，对锻造分厂和车辆公司进行规范的公司制改造，成立成都爱普利锻造有限责任公司，完成组建成都南车通力铁道车辆有限责任公司的前期工作，成立电机检修公司，进一步开发电机修理市场。后勤系统则继续向社会化推进。生活服务总公司、中小学、医院进一步走向社会，自营收入逐年增长。

2008年，公司改制为南车成都机车车辆有限公司。完成存续企业与股份公司业务界定，原工厂主营业务、全体员工转入公司。

2014年，公司启动业务重组产业升级工作。完成了公司电机业务与南车株洲电机有限公司的业务重组，成立了成都南车电机有限公司；与新都区政府签订了南车成都轨道交通产业园项目投资协议，选址新都石板滩建设新厂区。

2014—2017：是告别，也是新生

1951年，成都机车车辆厂刚刚选址落户二仙桥时，此处还是农田；2014年，成都的城市规划早已扩展到三环以外了，位于二环外的机车厂在逐渐拥挤的城市中被挤压，同时，老旧的建筑、落后的配套也阻碍了城市发展的步伐。为配合规划，成都机车车辆厂实施退城入园，整体搬迁到了新都石板滩，进行业务重组和转型升级。

2017年8月31日，在成都机车车辆厂的厂房里，一场简单而深情的告别仪式正在举行。最后一台检修机车在厂区领导、职工以及退休老员工的面前，缓缓下线。走过多年风风雨雨的老厂区至此正式落下帷幕。

在这片土地上，修竣出厂了10716台机车，遍布大江南北，走遍

山川河流。面对这离别的一幕，现场不少老人红了眼眶。这座工厂，从家乡整体搬迁，远赴千里之外的异乡，他们在这个小社会里学习、工作、生活，为之奉献了大半生，他们早已与之血肉相连。

如今，老厂区完成了历史使命，而一座结合了工业文明和时尚气息的现代化园区，即将在这片充满历史感的土地上拔地而起。

腾飞的中车

1986年，中国铁路机车车辆工业总公司成立。

2000年，中车与铁道部脱钩，分离组建中国南车集团、中国北车集团，归国务院国资委领导和监督，成都机车车辆厂归属于中国南车集团，是中国南车股份有限公司的全资子公司。2015年，中国南车成都轨道交通产业园奠基仪式在成都市新都区石板滩镇举行；同年，中国南车与中国北车合并，成立中国中车股份有限公司，成都机车车辆厂也随之更名为中车成都机车车辆有限公司，签署退城入园协议，准备迁往石板滩。

▲ 中车成都机车车辆有限公司　中车成都公司供图

2016年11月30日，机车厂正式启动搬迁，装载着客车检修工装设备的大卡车从老厂区缓缓驶出，奔向新的起点。

2017年8月31日，随着最后一辆修理的机车顺利下线，老生产区正式结束了多年的光荣历史。在二仙桥的时代终结了，在石板滩的篇章开始了。机车厂开始了业务转型，进入城轨制造新领域，主营中国铁路客车检修、城轨地铁车辆研制生产与高级检修等。

截至2019年底，中车成都公司占地面积72万平方米，注册资本9亿元，资产总额43亿元。现有员工2100余人，其中高、中级技术人员190余人（教授级5人、高级52人、中级200余人），高技能人员近700人（高级技师60余人、技师160余人、高级工500余人）。现有主要生产设备2100余台，其中大型设备60余台，数控设备20余台，进口设备140余台。

第一辆"成都造" 引领成都地铁新时代

早在2014年，公司就启动实施业务重组产业升级，通过平移引入高端技术和资源，派遣员工前往中车四方股份公司学习城轨新造、动车组检修等新业务技能和知识。世上无难事，只怕有心人。白天他们跟着师傅边干边学，晚上回到住处后大家一起总结复习。"成都公司的员工需要什么，我们就尽可能提供什么。各个工段要把他们大胆安排到班组参与实作，必须要尽快把成都公司的人培养出来！"在四方股份的大力支持下，成都公司的员工不负众望，一批批学员学成归来，成了成都公司新业务的骨干。

2016年9月22日，首列"成都造"铝合金A型地铁车辆在新都厂区惊艳亮相，这意味着公司已经系统掌握了电动车组车体制造、整车组装和调试等多项核心技术，转型升级取得标志性突破，正式进入城市轨道交通装备制造领域。

这辆A型铝合金地铁车辆，是成都地铁首次采用的新型城轨产品，总长140米，宽度为3米，最高运行时速80千米，全车定员1828人，最多可承载2592人。地铁采用欧系标准的大断面薄面中空铝合金材料，具有高强度轻量化的特点，还根据地铁线路特点和坐车要求对转向架进行了优化提升。整个车体的防火作了相应的配备，重点部位还达到了目前世界最严格的标准。相对于同样边幅数的B型地铁车辆，A型铝合金地铁车辆载客能力增加近三分之一，而每千米每轮的能耗仅为0.0045千瓦时，同比降低10%，综合效率提升了40%以上。

车辆的设计理念也十分符合现代人的观念，外观简洁时尚，每辆车40千瓦的空调和LED照明灯具，贯彻了环保绿色理念。车窗、门区的LCD电子地图，细致周到地帮助乘客及时查看站点信息。4个摄像头保证车厢监控全覆盖，配有2套紧急报警装置，车辆两端还有成都地铁第一次设置的疏散门，用于紧急情况下旅客在第一时间进行疏散。

2017年12月6日，这批地铁车辆在成都首条地铁环线——7号线上正式投入运营。7号线地铁经过代表着古蜀文明的成都金沙遗址博物馆，所以特别设计了"金沙专列"，专列中还特别展示了"太阳神鸟"的风采。为了打造这趟穿越古今的列车，中车成都公司按照设计要求，连续数日通宵达旦地为车辆贴膜"穿衣"。为了重现三千年前金沙文明的璀璨与辉煌，整个车体和车厢内部主色调采用金色，呈现

▲ 中车公司　中车成都公司供图

出令人震撼的视觉效果。

　　成都地铁7号线投入空载运营后，公司先后选派四十余名员工进驻多个地铁站点，加强现场巡检，二十四小时提供售后维保服务，为地铁运营安全保驾护航。

通达全城　未来可期

　　再接再厉的中车成都公司继续在城市轨道交通上不断突破。

　　2018年7月，全国最长地铁线路列车——成都地铁6号线列车在中车成都公司亮相，超越7号线的车型，成为成都目前载客量最大的地铁列车，全长185米，宽3米，最大可承载3456人，而且车辆大部件为本地生产。此车型拥有8项新技术，更在细节处细细打磨：软性材料制成的吊环增加手感的舒适度；空调新风量大幅提升，保证车厢空气清新；车体增加吸音材质有效降低噪声，暗合"古蜀文化"主题的车身形象设计更是让人对即将到来的6号线充满期待。

2019年1月31日，公司制造的成都地铁10号线二期首批15列列车也安全、准点交付给成都地铁板桥车辆段。成都地铁10号线最大载客量2488人，最高运行速度100千米/时，外观采用充满活力的灵动的三色波浪形飘带，整个车身高贵典雅又不乏活力，车体侧面的金色太阳神鸟标志更展现了成都独特的历史底蕴。

2019年6月13日，备受关注的国内首创时速140千米8A编组市域车——成都地铁18号线列车惊艳亮相，标志着公司系统掌握了140公里速度等级电动车组车体制造、整车组装和调试等多项核心技术，企业转型行业高端迈出了实质性步伐。18号线作为成都市"东进"战略上首条主动脉，是一条贯通成都市区与成都天府国际机场之间的快线，同时可缓解地铁一号线路的拥挤状况，线路开通后将进一步完善成都市轨道交通骨干网，充分发挥轨道交通成网后的快速交通服务功能，为广大乘客带来更舒适、更便捷的地铁出行体验。

作为国家"一带一路"倡议的节点城市，成都正在依托"蓉欧＋"战略和自贸区两大开放平台，与沿线国家和地区开展越来越多的经贸合作。中车成都公司也瞄准了这一点，积极筹备高速动车组高级检修、有轨电车、空中轨道列车、磁悬浮列车等新制式产品的本地化，准备打开更广阔的空间。

曾经，成都机车车辆厂在六十余年里，为铁路修理了上万台机车，为中国铁路事业提供了安全保障；如今，涅槃重生的中车成都公司在轨道交通领域，以一辆辆安全、可靠、先进的轨道交通产品，继续为广大市民提供优质的出行服务，并将促成建设四通八达的交通网络，帮助成都搭建起眺望世界、沟通全球的桥梁。

星辉闪耀①

在大时代的集体生活中，个人如同滚滚江河中的小小浪花，随着波涛载沉载浮。成都机车车辆厂从数百人发展到数千人，每一个人都在其中发挥作用，为这座巨轮的滚动奉献力量。诚然，集体时代，个人皆是集体的螺丝钉，这些螺丝钉，在不断打磨中，迸发出了耀眼的星光。

第一代机车人：吴长训

安徽人吴长训，2019年过了九十岁大寿。他十六岁进入当时还在淮南的九龙岗机车厂后，便陪伴着厂子一路走来，直到作为享受副厅级待遇的中层干部光荣离休。他见证了机车厂的兴起、辉煌与落寞，而他本人一生的得意与失意，也都与这座工厂紧密相连。

▲ 吴长训　唐澜芯　摄

① 参考文献：1. 李平：《我们的骄傲！"高铁工匠"张广川》，"中车成都"微信公众号，2017年8月21日。2. 魏雨昕：《倾听好故事丨百炼成钢的城轨车辆"安全卫士"》，"中车成都"微信公众号，2019年8月30日。

吴长训生于1930年，父亲是淮南煤矿的工人，家里兄弟姐妹六个。吴长训读书读到十三岁时，父亲对他说："家里穷，你不能去上学了。"他便跟着父亲进了煤矿当学徒。

吴长训有两个玩得好的朋友，也是十三四岁就去了九龙岗机厂。有一次，他们拿了车床车出来的小物件跟吴长训显摆，小物件呈葫芦状。吴长训好奇极了，当时就跟两个朋友说："我不要在煤矿待了，你们带我去机厂吧！"

为了一个葫芦，吴长训一意孤行去了机厂，可没想到，一去就接连面对了两场考试。当时，正是日本人占领机车厂的时候。招工的是个中国人，一来，先看看吴长训的手指，十分灵巧，心里就有几分满意，再一考他，八分之一是多少？四分之一是多少？在学校里功课很出色的吴长训对答如流，立刻就被录取了。

进了工厂没几个月，日本投降了。日本人如潮水般退走，国民党又蜂拥而来，重新接收了九龙岗机车厂。吴长训又得考试了。少年时期的他长得高且瘦，细骨伶仃的，看着十分可怜，负责考试的人本来是看不上的，但还是给了他实际操作的机会。没想到，还是个学徒工的吴长训，手上的活儿比老师傅还稳！要知道，这距离吴长训进厂接触这些机器，才过去了几个月时间而已。这下，不仅饭碗保住了，而且工厂的师傅、班长，连国民党的段长，也都夸这小子，能干，聪明！

很快，吴长训就崭露头角。在九龙岗，他是青年团的积极分子，他带领的小组被评为先进班组，还以他的名字命名为"吴长训模范小组"，他还去济南铁路局劳动模范代表大会上讲了话。

到了重庆以后，听说要修成渝铁路，年轻的吴长训心情格外激动。面对上头布置下来的"52套道岔、5套弯轨器、2500套穿钉螺丝"的艰巨任务，他承担下了穿钉螺丝的部分。

穿钉螺丝，是用于铁路上方的通信电线的连接配件，需要打眼，还要镀锌防锈。那个时候，重庆九龙坡机厂里，没有设备，没有模具，没有会做的人，吴长训与工人们面面相觑，毫无头绪。但吴长训可不是个容易被难住的人，不会，就试呗！他把小组人员都集合起来，自行改造设备。他们尝试把钢管烧红一截，再戳进螺丝里，就打了一个眼，几经调整，最终造出了符合标准的螺丝。4部机床，8个机工，每人每天工作12个小时以上，最开始一天只能做四五十个穿钉螺丝，后来越来越熟练，每天能做100多个，最后如期交了货，保证了7月1日成渝铁路的顺利通车。

吴长训的小组克服种种困难，出色完成了任务，再次被评为先进班组。他还作为代表，出席了重庆市铁路局劳动模范代表大会，以先进工作者的名义，在会上介绍了小组的经验事迹。面对底下黑压压两千多人，吴长训张口就来，将自己如何带领小组完成一个个艰巨任务的过程细细讲给大家听，从理论到实际，讲了一个半小时没歇气，后来被大家笑称为"吴铁嘴"。

1954年11月，吴长训随着机车厂迁往成都，在这里扎下根来，与机车厂共同成长。其间遇到无数问题，他都与工人们一一克服了。

有一次，修理蒸汽机头的时候，需要铸造新的气缸。气缸有三四吨重，做出来，怎么都不对，顶上有一个大坑，一连做了好几个，都报废了。

吴长训顿时压力大增，他问翻砂的工程师："怎么回事？事不过三嘛，怎么翻一个报废，翻了两个三个还是废品呢？"

工程师无奈地说："我们厂里从来没翻过这样重大的配件，我们都是按原来青岛工厂、戚墅堰工厂的经验，按他们的工艺来造的砂型、砂模，可不敢自己乱改乱动，我们也没办法。"

吴长训是搞冷加工出身的，热加工并不是他的专长，但他平时爱琢磨，喜欢从规律着手，不拘泥于细节。他想，无论什么加工，道理都是一样的，弄清楚原理就能想到解决的办法。

他把整个流程过了一遍，发现了问题：原来，浇筑的铁水温度特别高，流动量也很好，但是浇完了以后，看着是满了、平了，却没有考虑到热胀冷缩的问题，等铁水冷却下来，就形成了一个大坑。

弄清楚了问题所在，解决起来就很简单了。吴长训让工程师把浇冒口加粗加大，等浇满了，不要动，停一两分钟，让铁水往下沉，过一会平面降下去了，再加满，就行了。

第二天，工程师将信将疑地一试，果然解决了问题，浇出来就是个合格的形状。外行解决了内行问题，这下，在场的八个工程师，还有一众工人们，都服了。

平时，吴长训还要给工人们"断公道"。

有一次，工厂采购了高速钢钢锭用于加工配件。先由锻工锻造成四方的大块，再淬火让钢锭变硬制成工具。但弄出来却发现上面出现了裂纹，工具车间跟锻造车间杠上了，工具车间说是锻造中出了问题，锻工说是淬火过程中的问题。面对面红耳赤的工人，吴长训不慌不忙，他让工人把生产记录拿来仔细看了一遍，就明白了：锻工的加热时间不够，看着钢锭外面热了，其实里头还是硬的。锻工原本以为吴长训是搞冷加工出身的，不懂热加工里头的弯弯绕，结果被他一眼发现了问题所在，一五一十说得明明白白。锻工这下服气了，只得老实承认是自己的问题。

这样的事情，在吴长训四十一年的工作中数不胜数。在成都的职业生涯里，吴长训先后担任过机电车间党支部书记、技术科科长、工具科支部书记兼科长、炼钢车间支部书记、机械车间和工具车间支部书记、生产组副组长等职务，之后又调到分厂去任副厂长。到1989年光荣退休时，吴长训已是享受副厅级待遇的工厂骨干了。

2019年，吴长训过了九十岁大寿，老伴儿也八十九岁了。他除了耳朵有些耳背，声音洪亮，反应迅速，一口带着四川语调的安徽方言，证明了20世纪50年代轰轰烈烈支援大西南的光荣过往。吴长训家里，三儿一女，四代同堂，重孙女即将上初中，就在铁路中学。他对现在的生活格外满意。前些年，机车厂宿舍小区进行了改造，重新规划了街道和绿化，以前垃圾遍地、绿地被侵占的情况没有了，小区里现在道路平直、枝繁叶茂，安静祥和。最让他感兴趣的是出入大门采用的人脸识别系统，老人的骄傲并不是因为自己出行的便利，而是为国家科技的飞速发展自豪不已。

对于自己的一生，吴长训感到非常光荣。虽然没有太多文化，却始终善于在工作中学习、吸收，懂得理论，也会运用于实践。中华人民共和国成立初期，国家一穷二白，工厂也是在摸索中不断前行，遇到困难，既没有经验，也不容许退缩，许多时候都是凭着一腔热情，绞尽脑汁想出办法来解决，这种充满激情的工作和生活状态，是那个时代的常态，也因此创造出一个又一个奇迹。

第二代机车人：张广川

在机车厂几十年的历史中，吴长训这样一生专精一事的人并不少见，老一辈火热的激情与精益求精的匠人精神被代代传承，涌现出一个个先进人物，在日复一日的工作中不断前行。

2017年8月，在中国中车举行的"高铁工匠"表彰大会上，中

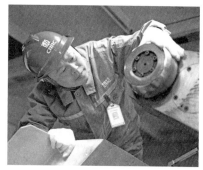

▲ 张广川　中车成都公司供图

车成都机车车辆有限公司的员工张广川和其他五十七名代表上台，领取了中车最高技能水平的"高铁工匠"奖章。2019年4月，张广川再次与四名同事一起，获得了由成都市委组织部、成都市总工会命名的"成都工匠"称号。

五十四岁的张广川，是公司机车分厂机修钳工高级技师。自1985年参加工作以来，就从事设备维修工作，三十余年兢兢业业，认真学习机械装备设计制造和维修先进知识和技术，把扎实的理论基础知识运用到公司新产品的开发和设备的电气、机械改造中，为公司解决了设备、工艺装备等方面诸多的技术难题。先后成为公司技能带头人、中车技能拔尖人才、中车资深技能专家，荣获"四川省技术能手"等荣誉称号。

1987年至1990年，张广川赴德国接受车辆制造学习培训。在德期间，他如饥似渴地学习机械装备设计制造和维修的国际先进知识和技

术，回国后成为公司设备改造和技术创新的领军者，韶峰电力机车速度表检测系统、弹性联轴器两端面平面度磨削工艺装备等，都是他设计和制作的。2012年5月，他申请的柴油机"支管测量装置及其测量方法"高度测量尺获得了国家发明专利，实现了成都公司建厂以来"零"的突破。

在自己工作取得成绩的同时，张广川还毫不吝惜地将自身的技术、经验传授给其他同事，尤其是在公司转型期，培训职工们尽快学习和掌握轨道车辆的制造、检修新工艺及新技术，为公司转型发展积累技能人才储备。在他的努力和教导下，三年时间里就有二十九名员工晋升为技师、六名员工晋升为高级技师。

"干一行爱一行、钻一行精一行"是张广川的人生信条。他自己说，要不断更新自己、充实自己，把自己的所学所悟转化为实践，在平凡的岗位上做出不平凡的事，让责任与使命同在，让奋斗与梦想同行，为公司做出新的更大贡献。

第三代机车人：贵红波

另一位获得"成都工匠"称号的贵红波，则是一位"新贵"。2007年从技工学校毕业的他来到公司机车分厂，从一名普通的接线工做起，2009年开始从事机车调试工作，公司机车检修退出历史舞台之后到公司城轨分厂从事城轨调试工作。十年的调试生涯中，他逐渐成长为一名电气调试的行家里手，近年来先后荣获"成都市劳动模范""成都工匠"等荣誉称号，是公司年轻的电气调试技能专家。

2018年，贵红波投身到了紧张的成都地铁10号线二期车辆调试工作中，新业务、新产品，对从事多年机车调试工作的他又是一项巨大的挑战。城轨的电气设备的原理、布局、运作方式同机车相比大相径庭。万事开头难，贵红波铆足劲头专研城轨电气技术，力求让自己

▲ 贵红波　中车成都公司供图

能够尽快成为一名保障城轨车辆正常运行的"安全卫士"。他白天虚心跟着师傅学习，晚上回到家里把孩子哄睡之后又开始马不停蹄地学习电气理论知识。功夫不负有心人，通过不断地实践学习，他于2019年成功取得了西南交大电气自动化专业学位证书，进一步夯实了理论基础。

高大宽敞的静调厂房内，安静的空气中始终充满着紧张的气氛，一列列崭新的城轨车辆安静整齐地"躺"在轨道上整装待发。贵红波和班组员工们每天在各列城轨车辆上摸爬滚打，一次一次地"唤醒"它们，一次一次地打通它们全身的"经脉"。"贵师傅，麻烦您过来看一下这个视频监控怎么还不亮啊，是不是网络出问题了？""你去看一下CEC柜VCUROM开关合上没有，再去看一下客室REP空开是不是断了。""贵工，您看一下这个电机线缆是不是过长了？""是的，必须重新测量，要不周围部件会对它造成磨损的。"……车上车下时时刻刻都能看到他忙碌的身影，他对电气设备有着浓厚的兴趣，很多时候一边

解决问题，一边根据这个问题滔滔不绝地讲述自己多年来积攒的相关专业知识。每当此时，车内周围的班组员工和地铁公司员工都会不约而同地望向他，聚精会神地聆听，像是在听一名大师传道授业。

在生产的高峰时段，他经常坚持每天工作十六个小时以上，工作中"多跨一步、多瞧一眼、多想一点"。从成都地铁10号线、6号线到18号线，不同车型的很多部件结构、功能、连接方式细节都大不相同，首列车的调试工作是块"难啃的骨头"，在调试的时候需反复进行摸索验证，每个车型设计和车上部件的工作原理时常出现不匹配的情况，要一边进行反复试验一边对设备原理图进行修改，然后对照修改过后的原理图调整线路，从而让电路设备满足车上设备的工作。

在成都地铁6号线调试期间，从国外进口的受电弓线圈经常因电流过大、电阻不稳定在通电时候出现烧损故障。贵红波利用自身扎实的理论知识和精湛的专业技术，自创了一个简易的检测工装，能够在受电弓不通电的情况下检测出线圈电流电阻数据，从而避免了受电弓通电线圈烧损隐患，为公司节约成本十余万元。

在成都地铁18号线首列车调试期间，身经百战的贵红波扛起了重担。阻断控制器是列车供电的核心，是保障列车安全供电的"防火墙"，只要任何一处电路出现故障，阻断控制器就会自动"跳闸"。和机车的供电原理不同，城轨的供电原理是一个系统的集成，由从印度进口的软件进行控制。没有软件的"逻辑关系图"，就好比设备检修没有图纸一样，给列车的调试工作带来极大的不便。贵红波披荆斩棘，对列车的牵引系统、制动系统、辅助系统进行反复试验，一列车有着上万根电气线路连接着各个不同的设备，导致阻断器发生"跳

闸"的故障点就有一千余个，他凭借着自己多年的调试经验形成的
"直觉"进行检测，不漏掉任何一处细节。2秒、5秒、13秒，根据从
通电到跳闸时间的长短来判断故障可能发生的任何原因。很多时候检
测一项跳闸的原因都会花上一天甚至一个星期的时间，反反复复地试
验对于一个人的耐心和细心程度都是巨大的考验，仿佛"置身于一片
漆黑之中慢慢地探索"，在探索中思索原理，对检测出的故障对症下
药，结合自己对故障的直观判断和对发生过的所有故障的系统分析，
有效打通了生产瓶颈，为后续的调试工作做好铺垫。

　　自贵红波入司以来，先后完成了DF4、DF5、DF7C、DF8B、
SS3、SS4G、SS7C等多种机车的高低压试验和成都地铁10号线39列、
6号线15列、18号线18列、11号线7列的调试工作，建立健全各项故障
诊断手册，为提高工作效率和节约成本做出了突出贡献。

　　在工业化批量生产已经成为常态的现在，"工匠精神"有了新的
含义，人们不再执着于一钉一锤的手工制造，更为看重追求精益求精
的工作态度以及不浮不躁、长期坚守的实干精神。

　　"工匠精神"已成为时代强音，成为民族的文明标识。在加快
建设全面体现新发展理念的城市进程中，更需要千千万万的"成都工
匠"助推产业转型升级，实现高质量发展，面对国际舞台的竞争，扩
大成都这座城市在国际上的影响力。①

---

① 　本部分写作得到了中车成都机车车辆有限公司的大力支持。

大工厂里的小社会①

"厂办社会"

在20世纪我国大中型国有企业中，"工厂办社会"是一个普遍而别具特色的现象。它是指工厂在组织生产、完成生产经营目标的同时，要把本厂职工及家属的生老病死全包下来。为此，工厂建立了一整套社会服务与福利设施及相应的机构，配备数量庞大的工作人员，担负起人们吃、穿、住、用、行等方面的责任。由于这一整套设施可以保证一个人从生到死的所有需求，因此企业往往由一个生产和经济组织，变成了一个自成体系、自我封闭的小社会。

如同成都机车车辆厂这样，完全从外地"空降"而来的企业，在当时的历史背景下并不在少数。有工厂就有物资的需求，有工人就要吃饭睡觉娱乐生活，面对突如其来的庞大需求缺口，本地区哪有富裕资源能提供全面支持？再加上中华人民共和国成立初期，社会分工不发达、物资不丰富，尤其是商业、服务业和第三产业发展不平衡，有心也无力。因此，成都机车车辆厂自办社会来解决本厂职工的生活问题，就是顺理成章的事了。

而且，一个工厂在很多方面也如同一个扩大化的家族，在我国全

① 参考文献：1. 毛小兵：《三线工厂办成"小社会"》，澎湃新闻，2018年11月11日。2. 王延中：《工厂办社会成因探源》，《经济学家》，1991年05期。

民所有制企业中，由于就业、福利、收入和保障的四位一体，职工几乎难以流动。从外地迁入的工厂更是如此。工人之间自然抱团，与当地人有着天然的隔阂，使得工厂成为一个功能齐全、自给自足、自我封闭的小世界。

正因如此，以前工厂的工作被人们称为"铁饭碗"，只要不出大问题，这辈子老老实实干活，其他什么都不用操心，工厂都给你安排好了。"党政工团居委会，商店学校皆具备。衣食住行全都管，企业就是个小社会。"这首顺口溜，形容的就是厂办社会的具体情形。

小社会里的小生活

现在的人们可能很难想象，一个庞大的工厂身后，拖着一个更为庞大的生活区。在车辆厂老人的回忆里，那时候，厂里有食堂、澡堂、幼儿园、子弟校、电影院、商店、文化楼、医院、礼堂、图书室、舞厅、卡拉OK厅、游泳池……吃、住、行、娱、医，简单说，基本可以做到不出工厂，在其中生活一辈子。纵然，厂办社会是特定历史条件下的特定产物，但对于生活在其中的人来说，却承载了他们一生的经历。职工如同生长在工厂体内的细胞，为工厂提供养分，也吸收工厂的营养，与工厂血肉相连、密不可分，共享一份情感和记忆。

在那个物资匮乏的年代，大工厂能够拥有专属的生活物资供应渠道，为职工争取更多的用品，从日常所用的锅碗瓢盆毛巾牙刷，到昂贵的家具家电，职工都只需到工厂下设的供应站去购买。机车厂当

▲ 20世纪80年代厂区大门　中车成都公司供图

时也在总务科下设了商店，一应日用都从这里流出。其供货渠道叫作工矿贸易公司，专供城东一带几个大厂的所需，包括成飞、420等工厂都是从这里取货。这个工矿贸易公司后来跟企业剥离，改头换面，在市场上获得不小的成功，这就是在老成都人心中大名鼎鼎的成都华联。

　　直到现在，机车厂的生活区还有一栋老旧的平房属于当初的工矿贸易公司，因产权归属的问题，未曾拆除，也未曾改造。周围都是翻新的房屋，这栋平房显得孤独破败，却也有意无意地，为我们留下了一个关于过去厂区生活的回忆坐标。

　　2019年刚刚退休的机车厂老职工罗明亮，在20世纪80年代退伍后就到机车厂工作，因为从小就学习过手风琴，懂音乐，因此在工会中负责文体活动，俱乐部、游泳池、灯光球场、文化楼都归他管。几十年来，机车厂职工们的娱乐生活，有不少都与他有关联。

那时候，作为铁道部下属单位的成都机车车辆厂，每年都要参加铁道部举办的职工文艺调演，还有省市工会的调演，五一、国庆、春节这几个大节日，也少不了要安排一台内容丰富的晚会，一般至少两个小时，唱歌跳舞朗诵自不必说，舞龙舞狮乃至放焰火也是经常有的。演员都是各个车间和机车厂的附属单位的职工，对参加厂里的活动充满热情，集体荣誉感特别强，往往在排练和表演中，彼此之间也建立了更牢固的情谊。

罗明亮还讲了一段因表演而成就的姻缘。20世纪80年代，对越自卫反击战后，成都市组织了"祖国在我心中"英雄模范代表团演讲，邀请了安忠文等战斗英模前来作报告。为了办好报告会，市团委对下属单位下了任务，要求出节目，机车厂便决定让文工团的两位职工男女二重唱埃及名曲《尼罗河畔的歌声》，罗明亮负责手风琴伴奏。在朝夕相处的排练和表演中，两位主唱不知不觉擦出了火花，不久便相恋、结婚了。女主唱就是现在的机车厂幼儿园园长，这段姻缘也一直被机车厂人津津乐道。

1984年，机车厂修建了一座属于自己的电影院。这个电影院可不简单，同一张图纸，共修了三家，一家在无缝钢管厂，一家在成飞，一家在机车厂，一起设计，一起修建，一模一样。现在，无缝钢管厂和成飞的电影院都已经拆除，只有机车厂的这家还完好地保留了下来。罗明亮还记得，当电影院修好时，厂里的人们是多么兴奋！电影每天放映两场，晚上六点一场，八点半一场，下午三点开始卖票，但大家两点就开始排队。全场1700个座位，若不是刻意控制入场人数，一般都是座无虚席。电影是从成都市电影发行公司租的已经下映的片子，价格格外便宜，基本是按市场票价的一半来定价的，便宜的几毛，贵的也就一块两块。在这里，收藏着人们无数的欢笑与泪水，是机车厂一代人难以忘却的美好记忆。

那个时代，一个厂区的人们生活在一起，往往有着相似的人生轨迹。

清晨，家属区的人无须闹钟，覆盖整个区域的高音喇叭会准时响起，播送新闻、音乐，响亮的号声也提醒人们上班和上学的时间。上下班时，都是堪称壮阔的场景——站在高处，视野中仿佛出现了由千万水滴汇聚而成的滚滚洪流，数千名穿着同色工作服的人，从各个楼里拥出，汇成一股，朝着工厂的方向奔涌而去。自行车大军丁零零响着从下涧槽路的斜坡冲下去，两旁的车辆、行人都停下来，让开道路，默默等待这股洪流经过。

▲ 20世纪60年代的成都机车车辆厂　中车成都公司供图

上学的孩子更为方便。机车厂子弟学校就修建在家属区外的坡地上，步行过去不过几分钟。现在的二仙桥学校就是曾经的子弟校，校舍依然保留着当时的建筑主体。那时候，学校共有三栋楼：一栋青砖灰瓦的三层楼房是学校的教室和办公室；一栋浅黄色的三层老式教学楼，掩映在郁郁葱葱的梧桐树下；一栋欧式的两层教学大楼建在五米高的路基上，显得格外高大气派。三栋楼的中间，有一片开阔地，那就是学校的操场，地面用三合土及煤渣铺设，虽然一点也不洋气，但却平坦宽阔，每天学校各年级的课间操和体育课都在这里进行。

早上，孩子们背着书包三五成群地走进学校。学校设有小学部和初中部，一开始用一堵墙隔开，后来合并在一处。学校除了招收成都机车厂本厂子弟之外，也招收铁路周边厂矿的职工子女，因此诸如成都木材防腐厂、成都铁路材料厂以及其他铁路厂区的孩子也都可以在这里读书。由于不少的厂区都是从外地迁来的，学生的口音也是五湖四海，最后统统被同化成带着口音的四川话，当时被称为"家属区话"。在东郊，只要听到操这样的话的人，都知道那就是机车厂的人。

机车厂的孩子们逐渐长大，鉴于当时工厂子弟的第一就业选择大多也是进入工厂，为了解决和储备工厂技术工人后备力量，机车厂在1969年成立了成都机车厂半工半读技术学校。半工半读技术学校招收的便是初中毕业的学生入厂当工人，但进厂后却可以安排上午读书，下午工作，主要教授电工、车工、锻工等工厂实用的技能。毕业后，既有了工龄，又拿了高中毕业证，在当时是许多家庭的首选。工厂对工人的培养可谓尽心尽力，除了半工半读技术学校供适龄孩子就读，成年职工也可以选择夜大、电大等多种途径进修。

至于其他的，进了厂，还有什么可担心的？房子靠分配，水电气不要钱，下了班，一群小伙子把毛巾往肩头一甩，喊一声"洗澡去"，便呼啦啦一群人拥进澡堂，畅快淋漓。看病、住房、结婚、小孩上学，有什么问题，找组织就是了。哪怕是找不到对象，组织上也会想办法帮忙介绍！介绍的当然也是厂里人，说不定父辈就是发小，更有可能从小就一起读书，知根知底。厂区里的人际关系因环境的封闭而单纯，也因封闭而尖锐，因为圈子小、关系近，大家必须彼此分享、彼此渗入。在那一代人眼中，每一段记忆都是相互交融的，隐私是不存在的东西。

灯光球场：璀璨不减当年

最为老一辈机车厂人津津乐道的厂区娱乐场所，非灯光球场莫属。灯光球场修建于1979年，占地面积达1436平方米。作为由机车厂的工程师自行设计、工人们自己修建的活动场所，它是特定历史时期产业工人的一种特定的生活方式，如今也成为工业文明的重要遗存。2018年，成都机车车辆厂的灯光球场入选成都市第九批历史建筑保护名录。

20世纪70年代，机车厂里基本没有大面积的活动空间，随着文化艺术活动的日渐丰富，工会发现，想组织规模略大的职工户外活动，都找不到合适的场地。职工们要打球，只能去隔壁成都地质勘探学院。1976年，工厂选中了靠近生活区的一块泥地，在医院旁边，正好有一块是空置的，便准备修建一个可供厂区职工共同娱乐的场所。当时这里一片泥泞，周围有些烂草棚和田地，还有个卖卤菜的小馆子。

圈定土地后，厂里安排了技术科的几个工程师来做设计，并发动全厂职工参与建设。当时还不满二十岁的旷永江便是参与建设的工人之一。"其实设计的工程师根本不是学建筑的，不过他们的基础很扎实，设计出来建好后，场馆也没有发生过什么安全事故。"旷永江回忆道。在那个年代，工厂对国防特别重视，因此在施工过程中，大家先往下挖了近十米的深坑，修好人防地下工程，然后再在地面修建球场。

球场共修建了近三年的时间，旷永江在工作之余，几乎每天都去帮忙，像他一样的职工非常多，大家积极性都很高。1979年球场修建完成，长轴约四十米的椭圆形场地里，圆弧形的看台石凳与球场地面连为一体，整体显得简单又大气。因为是职工们自己的汗水浇筑出来的，大家对球场都有非常深厚的情感。

灯光球场是开展夜间活动的唯一场所，在那个娱乐资源匮乏的年代，亮着几排大灯，照得灯火通明的灯光球场无疑是消磨时光的好去处。四十年来，无数活动在这里举办，工人们常来打篮球。各个车间组织自己的篮球队，互相竞赛，赢了的队伍还能代表机车厂参加铁道部的体育比赛以及东郊片区的比赛。罗明亮记得，搞一个体育比赛要历时十多二十天，每天下班后，职工们都不回家，呼朋唤友地来到球场看比赛，气氛非常热烈。偶尔，球队与球队之间还发生些摩擦冲突。"这可不是打架斗气，完全是一种强烈的集体荣誉感的体现。"罗明亮笑着强调，"正因为在乎、认真，才会较真。"

后来人防工程闲置，地下室变成了儿童游乐场，游乐场里的小木马、小火车也是工人们自己做的。对于这些职工们来说，灯光球场是他们青春年华的收纳所。

与球场相连的文化楼，二者在设计之初就是一体的。这栋小楼对于不少老职工来说更为熟悉亲切，因为这里有棋牌室、乒乓球室、卡拉OK厅、图书室，图书室又分了科技馆、借阅室、阅览室等房间，老同志闲来无事到这里聚聚，坐一坐，聊聊天，打打牌，看看报刊。

2017年，机车厂在成华区彻底退出历史舞台，翻天覆地的改造工程随即展开。"灯光球场符合成都市规划管理局关于工业遗产的认定，同时也承载着几代人的工业记忆和审美倾向。"考虑到这两点，灯光球场被列入保护名录而保留下来，与周围附属设施一起进行提档升级改造。在原址上，灯光球场被修葺一新，既可用于演出活动，也可进行运动赛事。与之相连的文化活动中心兼具阅读、声乐、展示、培训和排练演出等多种功能，成为二仙桥街道辖区内群众文化服务所需的现代化、多功能平台。曾满载了机车厂人们欢声笑语的灯光球场，以崭新的面貌再次承担起文化服务的使命，迎接着更多人的到来。

清水豆花：三十载味道不改

在机车厂，关于味道的记忆，最深刻的那一味当属豆花。

据说，一百多年前，当名为"二仙桥"的石拱桥还存在，桥下还流淌着清澈的河水时，就有桥头小店从河心取水做成"河水豆花"，甘甜细腻，价格实惠，在这一带颇有名声。彼时二仙桥周遭并不繁华，从这里经过的行人无非农民、苦力、乞丐，能够买一碗豆花甜甜嘴，已经是值得回味数天的美食享受。

河水豆花的做法早已不可考，但"河心取水"是有讲究的。在没有自来水、桶装水之前，河心水是成都百姓能吃到的最好的水。清末傅崇矩编写的《成都通览》中记载，当时的成都人喝水有三个来源："成都治水，可供饮料者，以河水为佳。井水次之，塘水则不可作饮料矣。"所谓的"河心水"，就是避开河边洗菜、洗衣的区域，涉水走到距离岸边较远的水面取来的清洁河水。得来不易，当然价格不菲。在1930年前后，这样一桶水就能换两个锅盔，使用"河心水"是茶馆饭铺招徕客人的重要标准之一。而二仙桥当时位于成都城之外，又毗邻一条清澈的小河，桥头小店若是采用河心清水来做豆花，那滋味比别处更为甘美可口，也就能说得通了。

如今，"二仙桥"的桥和小河都已经不见，只剩下地名和传说，但"二仙桥豆花"却借着一段神奇的缘分延续至今。位于下涧槽路的成都机车车辆厂宿舍区里，每天下午3点，一对中年夫妻都会推着三轮车出来卖豆花凉面，豆花格外鲜嫩，细腻若乳酪，清香中带一丝豆类的腥甜，在成都美食界可是颇有名气。这碗豆花，和那些在厂区改造中被特地保留下来的老厂房、旧机床一样，是这里的老住户们关于过往时光最真切的记忆，是看一眼、尝一口，就能被唤醒的青春和乡愁。

卖豆花的夫妻两人，丈夫叫向乾贵，妻子叫曾天芳，豆花摊没有招牌，姑且称之为"曾家豆花"，因为曾天芳已经是在机车厂卖豆花的第三位曾家人。他们的豆花当然并非从清末的桥头小店传承而来，而是曾天芳的父亲曾廷根，从20世纪80年代初开始操持的"家传生意"。

"豆花的手艺，是我父亲跟我姑父学的。"下午6点过，卖完了当天准备的所有豆花和凉面，曾天芳在自家小摊的桌子边坐下来，几位吃完了豆花却还不愿意回家的老食客也各自拖一张塑料小板凳，就着还未散尽的淡淡豆香，挥舞着蒲扇摆起了龙门阵。

曾家本是郫县（今成都市郫都区）的农民，一直以种菜为生。曾天芳十几岁的时候，家里穷得实在揭不开锅，热心的姑父就向曾廷根提议："别只晓得地里刨食，出来做点小生意吧。"老实巴交的曾父于是认认真真学了做豆花的手艺，带着全家在二仙桥租了间小屋，开始了起早贪黑卖豆花的生涯。

民间有句俗话，叫作"人生有三苦，撑船打铁卖豆腐"。曾天芳回忆中的父亲，永远是佝偻着背、满脸疲惫："那时候没有机器，豆花全是父亲用石磨一点点磨出来的，为了豆花细腻好吃，豆子要几颗几颗地往磨眼里扔，每天都得磨几个小时，手都磨出厚厚的老茧了。"豆花必须要现做现卖，曾廷根每天两三点起床磨豆子、做豆花，天刚亮就担着挑子出去叫卖，沉重的担子压得他驼了背，家人几次劝他买辆三轮车代步，他都拒绝了。"非说自己挑着卖更方便，能走家串户去叫卖，实际上就是舍不得钱。"曾天芳叹气说。

当年卖豆花与今天不同，没有干净的餐盒，也没有大头菜、酥黄豆及各色调味料的搭配。买豆花的人自己拿个碗，要多少钱的就装多少，一角两角的是正常，五角以上就算"大客户"，也有囊中羞涩的，只买个五分钱吃两口解馋。曾廷根不在意，只要有人喊他，他就放下挑子，揭开木桶桶盖，舀出白花花热腾腾的豆花来。

豆花生意虽然足以养活一家人，但这样的生活实在太辛苦了，到了2000年曾廷根积劳成疾病倒时，曾家豆花仍然是五角钱一大块。曾天芳的弟弟曾天健比较有生意头脑，提议把豆花"包装"一下，更卖得起价——于是用一次性小碗，配好调味料，改卖一块钱一碗。他接手了豆花摊后，还自己琢磨出一道凉面，把两样小吃放在一起卖，但他也只坚持了四年，就决心转行了。

"卖豆花每天从早忙到晚，也赚不了多少钱，我弟弟脑子活络，想要另觅出路。"曾天芳说，那时候父亲已经回到郫县老家养病，知道了儿子的决定，他把儿女都叫了回去，嘱咐说："这是我们家一直做下来的生意，多少人在我这吃了十几年，都是老朋友了。如果可以，我还是希望你们有人能继续做下去，既能保个糊口，也给那些老买主留个念想。"说到这里，他也许是想到了卖豆花的辛苦，又叹息着补上一句，"做一做，差不多就回来吧。"不久后，曾廷根病逝，曾天芳和丈夫接过父亲留下的这个豆花挑子，至今已经十四年了。

进入新世纪的成都飞速发展，越来越高的现代化大厦拔地而起，漂亮繁华的新城区一路向南铺陈，但二仙桥似乎还留在20世纪90年代。曾经高大上的"铁饭碗"机车厂效益每况愈下，曾经"洋气"的红砖宿舍楼在新修建的小区、商场、步行街的衬托下，显得暗淡陈旧。时代的变革无处不在，但对于机车厂附近的居民来说，那一碗价格和味道多年不变的豆花，却在快得令人目眩的社会里给了他们一分心安。

过去十多年里，曾天芳和她丈夫都在机车厂宿舍区外的一条小街上摆摊。这里有大量机车厂的职工经过，不愁客流量。旁边还有学校，小孩儿嘴馋，放学路上隔三岔五地要买一碗来吃。"以前这个生活区外面是没有大门的，从下涧槽路上通过来，有十几二十辆小车推着卖的小吃。去年（2018年）这一片统一整改，路重新修了，整个小区全部翻新，也不准再在路边摆摊，那些小吃现在都找不到了。"曾天芳说，因为自家的豆花在这里已经卖了三十年，周围居民都喜欢，价格也不贵，在大家的支持下，物管将一间作为纪念留下没有拆的老配电房分给她家，让他们定点在这里继续做生意。

曾天芳和丈夫每天早上起来煮凉面，到11点左右开始做豆花，以前手推磨一两个小时的苦工，现在用磨豆子的机器儿分钟就能磨好，再煮豆浆、点豆花，差不多两点过就能做好一桶。夫妻两个装好东西，推着三轮车到配电房，刚好下午3点左右。一百多份凉面、一木桶豆花，一般三四个小时就能卖完，来光顾的都是多年的老客，这几年也有不少慕名而来的"好吃嘴儿"。"卖得久了，也对这里有感情了。"就在笔者和曾天芳闲聊的这段时间里，就有不下十拨客人在门口探头问："还有没有豆花？凉面喃？"曾天芳就拉长声调喊一句："卖——完——啰——明天又来嘛！"对方于是笑着答应了离去。这些人里，有牵着孙子孙女闲逛的老人，有下班路过的中年夫妻，有青春洋溢的学生，也有开着车专程赶过来的年轻人，甚至还有两拨外卖小哥。曾天芳说，那些吃过她爸爸豆花的孩子，现在早都为人父母，在外工作打拼了，但还有人会从外地专门回来，找到她的小推车，一边感叹"就是这个味道"，一边问她："你还记得我吗？"

豆花还是那个味道，吃豆花的人她送走了一批又一批。到今天，

▲ 曾天芳的豆花摊远近闻名　唐澜芯　摄

曾家的豆花还卖着2.5元一碗的低价，就连客人都劝过她该涨价了。但曾天芳说："我和这些买主都是朋友，看到他们来吃了，高兴地走了，我心里也舒服。现在卖的钱够我一家人生活，我不想涨价，就想着两口子把这个生意继续慢慢做下去，卖到我做不动的那一天吧。"

剥离"厂办"，面向社会

虽然承载了厂区职工的深切回忆，但企业的大包大揽，让人们觉得能进厂工作就好比买了一份"人生保险"，只要成为"厂里人"，生活便不会再有后顾之忧。渐渐地，他们对社会上的一切也漠不关心，反正对自己的生活影响不大。就这样，厂子慢慢失去了对外界的感知，被历史的潮流越抛越远，等到回过神来时已是大厦将倾。

原成都机车车辆厂副厂长蔡兴说，最直观的感受就是20世纪90年代，他一个月的工资只有680块钱，要知道那时在外面做门卫一个月都500块左右，其实，那个时候企业已经连续几年亏损了。

"铁饭碗"也有吃不起饭的时候，这个认知强烈震撼着机车厂人，还没等他们接受这个事实，对厂办社会的逐步剥离就开始了。1996年，为了及时止损，机车厂开始内部改革，职工浴室、俱乐部等厂区配套被相继关停，不少的福利也不再发放。厂办中小学移交地方管理，医院面向社会开放，生活服务总公司积极向物业管理过渡，单身职工宿舍中开始试行物业管理……工厂竭力切割庞大的后勤，使之向社会化推进，工厂本身则回归生产经营的本位。机车厂的子弟校被并入了二仙桥学校，附属的医院变成了如今的誉美医院。吃饭、上学、看病、住房要花钱了。所有的职工也不得不接受突如其来的生活负担，努力尝试走出工厂，融入社会。

回望那段时光，国企担起社会责任的荣光犹在，但改革浪潮的推进也为企业做出了正确的发展选择。骄傲与失落交织着，奏响了一曲时代前进的伟大赞歌。

以人为本：家属区"旧貌换新颜"

厂区的配套产业可以大刀阔斧地分离，但容纳了数千人的机车厂家属区却不能这样简单切割。每一个家庭都与机车厂血脉相连，每一个人都是机车厂活生生的一分子，他们的生活直接关系着机车厂的根基与发展。

机车厂家属区始建于1952年，历经60余年。占地面积约347亩，总楼数126栋，总户数5298户，总建筑面积约32万平方米。从20世纪50年代开始修建居民楼到2010年最后一批经济适用房，时间跨度大，标准不统一，小区内多为六七层的老旧楼房。随着时间的流逝，水、电线路逐渐老化，设施陈旧，供水需要分时加压，供电高峰频繁跳闸，居民生活十分不便。而小区内架空线犹如蜘蛛网般密布，公共配套缺失，机动车乱停乱放，活动空间逼仄，环境脏、乱、差。居民们常常抱怨：私搭乱建未受约束、随处可见，楼群周边则孵化了若干棚户，公共空间受到严重挤压，使人有种无形的压迫感。更恼人的是街道上卖菜的、卖水果的、卖烧烤的、收废品的、摆摊修鞋配钥匙的林林总总，小贩的叫卖声、烧烤的烟熏味、争吵、谈笑与垃圾杂物气味等混杂在一起，在成都高速的城市发展中，这样的画面已经不多见了。机车厂家属区仿佛是被遗忘在上个世纪的古董，与世隔绝地陈旧下去。

2015年，随着成华区的改造和国有企业职工家属区的"三供一业"分离移交改造工作的推进，机车厂家属区的处理也作为重点项目提上了日程。当机车厂确认将从成华区整体搬迁至新都石板滩后，机车厂意识到，作为被留在原地的家属区，如果还是现在这样破败、杂乱、落后，机车厂将愧对几代职工的付出与坚守，辜负数千人对企业的期待与信赖。

在此情况下，对家属区的全面改造开始了。

政府与企业通力合作，为改造提供机制保障。成华区政府专项投入6000万元，对职工家属区周边环境进行立体系统改造，全面提升职工家属区改造的整体效果。

到2018年底，家属区已经完全变了模样。供水、供电改造项目已全部完成，实现了新旧能源系统转换，居民用水、用电直接由市政能源供应，物业改造项目也基本完成。中车成都公司成了成都市先行移交"三供一业"管理职能的第一家国有企业。

家属区里，现在的道路被扩宽、整平，单元间的隔离墙也都拆掉了，楼宇间的小路整齐有序，道旁绿树成荫，主干道上的银杏直插蓝天，散栽的桂花树遍布各处，入秋以来，清香宜人。路灯、小游园、微绿地因地制宜分布各处，原来密布在空中的蛛网般的电线全部埋入地下，每栋楼的走线都统一经走线盒有序分线。休闲广场上，两个羽毛球场、三个乒乓球台以及休闲走廊和儿童乐园的滑梯，给了居民茶余饭后一个活动交流的场所。

更具有艺术气息的是，这里设计了多处机车及机车零部件用于景观和装饰。如前五坪的空地上，一辆漆黑的机车就稳稳地卧在这里，这即是前文所提到的1958年由大连机车车辆厂设计、成都机车车辆厂制造的"ND型机车"；而后三坪与某部队仓库的隔离墙上，则绘制了动车组；幼儿园外墙上也有机车的涂鸦；至于机车上的零配件及路徽则更是随处可见。

与时代共舞

　　2018年，"年近七十"的成都机车车辆厂完成了历史使命，一年之后，厂区原址旧貌换新颜，一片极具艺术气息的新城拔地而起，曾经的工业记忆被精心"装裱"，改头换面成了今天的"中车·共享城"。

　　2019年9月，暑热刚刚褪去，修整一新的蜀龙路上，"中车·共享城"的黑铁大招牌矗立在精心打造的花圃中。新建好的机车主题公园尚未面向公众开放，汽车道上空无一人。老厂房已经失去了它本来的作用，没有了忙碌的工人和热闹的生产场面，它红色的砖墙、灰色的屋顶、黑色的钢铁骨骼，反倒透出一种纯粹冷肃的美感。

　　国家设计大师、中国工程院院士崔愷主导设计了这里的工业遗产核心区，将七十来年的机车文化的记忆与现代TOD模式结合为一体；曾经的"断头路"蜀龙路如今已经内接一环路、外连三环路，直通新都；五年之内形成地铁7、8、17、32号四条线路环绕的优越交通区位，这里将彻底变成一个交通共享、文化共享、产业共享和生态共享的微型城市。

　　近五百亩土地如今已经被划分为六个地块，其中2号地块上保留了一共六座车间组成的联合厂房，包含火车机车的交车库、停车场，已经被改建成了机车文化主题公园。很快，这里将与东郊记忆一起，成为成华区两大各具特色的工业文化基地。

　　从正门进入共享城，第一个出现在眼前的建筑上挂着"艺展中心"的牌子。这里原本是机车厂的交车库，建于1984年，至今已有三十五年的历史，外部造型像一对准备起飞的翅膀。当时所有修理完毕的火车都会进入这里，接受铁路局的验收。广场上完整地保留了三条铁轨并铺设小碎石通往艺展中心，脚下的步道由24149块小方石精心铺设而成，这些小方石产自雅安，后期二期商业动工后，还可以二次利用。交车库内的火车坑道也被保留下来，铺设了厚厚的玻璃地板，可以清晰看到下方的铁轨。设计者崔愷基于文化历史的印记，从尊重历史、还原历史的角度出发，运用艺术的手法，保留原交车库颜色、骨架、地面铁轨，以大面积落地玻璃与具有工业风的黑白灰色调搭配，同时结合历史、机车文化、符合当下时代发展的需求，来凸显工业文化特色。未来，这个艺展中心将移交地方政府。

　　穿过艺展中心，可以通过二层连廊进入"机车公园"，这座钢

▲ 中车·共享城　中车成都公司供图

铁搭建的空中廊桥衔接了东广场、四季花园、艺展中心，使其相互贯通。连廊上共安装了扶手灯1711套，跑马灯917套。当夜幕降临，跑马灯次第亮起，游人通过充满工业气质的拉板网俯瞰这片厂房，恍若过去的百年在此堆叠，让人从时空的缝隙里窥见几分电气时代的独特魅力。这里像一块精心打磨的琥珀，将机车厂曾经的辉煌留存，让后人得以遥想，让故人得以追忆。

"机车公园"占地1.3万平方米，保留铁轨17根、车厢4节、火车头1节、废弃的机车翻转检修台等构筑物，以及大量的原生树木52棵。设计者将跷跷板、混凝土雨水管等改造为各种儿童游乐设施、钻洞装置，为小朋友们制作了独具特色的游戏区。充满年代感的绿皮火车车厢被漂亮的涂鸦装点一新，它们未来会变成书吧、艺廊、酒吧，在保留工业遗产的同时，还导入文创及文化展示功能。

▲ 中车·共享城　中车成都公司供图

经过廊桥，通往的是共享城的核心中庭"四季花园"，建筑面积约3.6万平方米，其中保留的工业遗产厂房约1万平方米，周边环绕精心设计的互动式景观小品、雕塑，形成历史建筑群落与现代新商业的碰撞，这里将成为工业风情商业街区。"四季花园"的前身是内燃机车总装厂，是组装火车的车间，这座庞大的建筑长120米、宽28米、高24米，共计占地3500多平方米。拆除整座厂房的砖石部分，仅保留了原本的钢架结构，经过除锈防火处理后，这副厚重坚实的黑色金属骨骼透出充满压迫力的工业美感，而绿色藤蔓盘绕、斑驳花木点缀，走进这里的时候，仿佛来到了一座被遗忘的天空之城。在屋顶构架上，还设置了29盏投影灯，可以呈现出8组动态图案及11组静态图案，共计19组图案。通过电脑后台控制，顶部投影灯光、中间连廊灯光、地面灯光形成灯光互动，打造出梦幻炫彩的空间。

"四季花园"位于联合厂房的中央位置，与它平行排列的其余五座厂房也经过了类似的处理，但保留了部分墙面和屋顶。建设方调研了多处工业遗址改造成果后，经过多次试验，最终确定用砂浆高压冲洗外墙，将厂房的漆面小心剥离，展露建筑原汁原味的本色。

除了建筑，整个区域内随处可见用老物件改造的艺术品。雕塑《一路风景·成车》是由原来的钻床改造的，这种摇臂钻床也可以称为摇臂钻，是一种孔加工设备，可以进行钻孔、扩孔、铰孔、攻丝及修刮端面等多种形式的加工。钻床雕塑上的镜面，既反射了四季花园不同凡响的工业文明风景，同时也折射出这个时代特有的气质。《汗滴禾下土》是一台老式的油压机，下方一摊镜面的金属液态水突兀呈现，寓意工人的智慧和劳动的结晶，表现了建设者的奉献精神。不远处的一组花车雕塑，创作灵感源于作者对自然界光影的记忆，雕塑的造型像是散落在水木花雨林间的两块闪亮石头，在纯净天空映衬下折射出斑斓闪烁的光芒，意在营造出一种梦幻般晶莹璀璨的视觉冲击力和感观体验，雕塑造型简洁抽象，材质现代感较强，变化多样的造型能与自然景观巧妙衔接，相映成趣，区别于自然但又融于其间。

失去了生产作用的老厂区并未失去活力。工人们离去了，但园区里依然可见一群群拍照游玩的年轻人、嬉笑打闹的小孩子以及追忆工业时代的老人。这座花园有着坚不可摧的气质，旧日的辉煌、燃情的年代、拼搏的精神，无数人轰轰烈烈无私无悔的一生，曾经撑起一个民族的脊梁。岁月在这里留下痕迹，与时代的强音交织，奏响新的一曲乐章。

城市的血管：发达的仓储物流

从"铁半城"向东延展，纷杂的铁路串起了二仙桥"海纳百川"的前世今生。这里曾经是火车北站的中转要地，仓库遍布，商贾繁忙，如今仓库卸下存储职责，变身文创公园；这里曾经蜜蜂嗡嗡，迎来天南海北赶蜂人的生计和活路，如今，簇拥着蜂农们的狭小街道，已变身双向八车道的宽阔马路；短短几十年间，这个曾经的国家战略工业基地，成为承载工业记忆的宜居之地。

承接"铁半城" ①

如今，依然有很多到成都的游客分不清"成都站"和"成都东站"。在20世纪，"成都站"是那个本地人嘴里名声最响的火车北站，"火车东站"也非现在的新火车东站。叫法慢慢改变，站址悄然新生和传承，这些印证的都是成都这个大都市本身的发展和升级。名字、建筑，作为符号，这些人造物总是和人有着千丝万缕的关联，而这背后，承载的是人生脉络和都市涅槃。

梦起"铁半城"

回到六十多年前。

1952年7月1日，新中国第一条铁路——成渝铁路通车。重庆东站和成都车站（今火车北站）同时举行了盛大的庆祝大会，邓小平、贺龙、宋任穷参加大会，贺龙为通车剪彩。重庆、成都对开的两辆彩车上午10时驶出车站，当晚在内江车站交会。②而早在半年前的1月，成都车站，也就是今天的"成都站"就为了这个隆重的"盛会"开始试运营，彼时，这里也成为西南地区最大的铁路枢纽。

① 参考文献：完美世界控股集团有限公司编：《成华禾创仓储物流文化研究报告》，2019年。
② 浅夏：《铁半城丨从成渝铁路说起》，"掌上金牛"微信公众号，2018年3月7日。

　　随着火车北站建成、成渝铁路通车，成都铁路局、中铁二局、中铁二院等铁路相关单位的员工和家属共计九十余万人在城北安家，自成一体、实行半军事化管理的"铁字号"部门扎根北门，相对于城区其他区域，这里显得格外气派。"铁半城"就这样名扬成都了。

　　"铁半城"到底有多大？横向从人民北路与一环路交会处起，至沙湾一带，大点的单位除了林业厅、新华印刷厂和木综厂，就是铁路局、铁二局和铁二院了。纵向沿人民北路往城中心延伸，路两侧密布成都铁路局机关、下属单位、后勤文化设施、职工宿舍院落和医院、学校等。

　　20世纪50年代末，新建的成片楼房宿舍区矗立在人民北路至铁路新村一线，远远地望去红红的一片，这些房屋基本上是清一色的红砖三层楼，样式统一，略带苏式风格。苏联专家的设计品位基本是呈品字形排列的老式三四层的红砖楼群，木楼梯，木地板，中通道，挑高空间，有些甚至还有精美的雕花阳台，可以说是当年成都最洋盘的建筑群，里面甚至安装有暖气，这在位于西南的成都是极少见的。那时的成都城区还不大，铁路一进来，从北到西几乎占了成都一半，于是"铁半城"就这样叫了起来。①

　　城北是移民城市成都最早的代言人。在这里，天南海北的人因为"铁路"聚到了一起，有的开始崭新梦想，有的开始意外旅程，有的在这里出生，以此为故乡。因为是"移民"，他们对这里充满了期待，老成都也对这些"外省人"充满了好奇。

---

① 浅夏：《铁半城 | 曾经的荣耀》，"掌上金牛"微信公众号，2018年3月19日。

缘自八里庄

如今的八里庄虽然难觅当年火车东站的盛景，却依然留下了众多遗存。

严格意义上说，"铁半城"所涉及的成都北城，向东还应该到成华区的八里庄，因为老成都才熟悉的老火车东站就在这里。

这些都是特殊时代的产物，是实施"一五"计划的一部分。1953年开始，国家第一个五年建设计划正式实施，成都市作为全国重点建设的八个中心城市之一，国家规划在成都东郊建设一个以电子、机械、仪表工业为主体的大型工业园区。[①]1955年，国务院正式批准成都设置工业区，东郊工业新区按规划先后修建了建设路、府青路、建设北路以及一二环路的部分路段。

时任四川省建设厅厅长的马识途先生在回忆成都早年规划的文章中，曾经提到关于成都东站的选址：

> 1952年的夏天，解放后在四川新建的第一条铁路成渝铁路就要修到成都了，接着四川出川的唯一一条铁路宝成铁路也将在成都开工。国家的第一个五年计划（1953—1957）也要马上开始，国家的141项重点建设项目中有好几个就放在成都。铁路车站放在哪里，重点项目摆在何方，都必须很快作出决定，于是成都的城市规划就迫在眉睫了。

---

① 杜文婷：《上世纪50年代　成都跻身全国八大重点城市》，《成都日报》，2019年9月9日。

　　刘昌诚工程师搞出第一张成都城市规划的草图。我们看了一下，大体可行，便定了下来。首先是把成渝铁路火车站摆在城北，货站摆在城东北八里庄，新工业区自然就放在离货站不远的东北郊……[1]

　　这个货站就是老火车东站，建站于1961年4月1日，而在正式建站前，它的前身为成都车站货运室和运转室。成渝铁路通车时，以驷马桥东的老东站作中间站，有一股正线、三股站线。货场设在车站东南端，场地狭小，货物露天存放。[2]

　　这是一个卸车量大于装车量的车站，也曾经是成都铁路局的主要排空站、成都最大的物流集散地。在曾经的东郊老工业基地，八里庄火车站可谓成都的经济重心，一时抢占了风头。

▲ 原101仓库大门（1987年）　梁虹供图

―――――――――
① 浅夏：《铁半城｜落户通锦桥与确定火车北站》，"掌上金牛"微信公众号，2018年3月10日。
② 成都市交通局、成都铁路局等编：《成都市地方志·专业志·成都市交通志》，四川人民出版社，1994年。

作为东郊老工业基地，这个片区从20世纪50年代起，就布局了大量的物流、仓储和铁路线。瞅准地理优势，二仙桥、八里庄、驷马桥等地各大型仓储运输企业、专业货仓如雨后春笋，大量涌现。如成商储运、四川物资储运、针织103仓库、邮电器材102仓库。在东郊，一些企业有自己的轨道，火车能直接开进仓库，在当时可是很让厂里员工幸福骄傲的触动点。特别是紧挨着八里庄的二仙桥，因为101仓库、禾创仓库等大型仓库，成为成都重要的仓储中心。工业区、铁路、仓储基地，三者相辅相成，将成华区的工业带入新的发展轨道。

直到2010年12月28日，因新建了成都东站（客站），原成都东站（货站）更名为八里站。再到2015年，有着六十多年历史的铁路八里庄站全面关闭，与之相关联的二十五条铁路货运专线开始关闭搬迁。

但历史岂会断裂。2017年12月19日，"轰隆轰隆，轰隆轰隆"，火车再次启动，开进了二仙桥公园。

铺垫大交通：木材防腐厂

中华人民共和国成立时，二仙桥下的流水已经渐渐干涸，石桥失去了原有的作用。1957年，为了支援铁路建设，铁道部在此处布点木材防腐厂，二仙桥被彻底拆除。

一座石桥消失了，一片气势恢宏的厂区拔地而起。

木材防腐厂占地二百多亩，闻名遐迩。从如今的泰博理想城一片起，至二仙桥街道办事处，都是它的地盘。

20世纪30年代，部分工厂和学校内迁四川，西南地区成为抗日战争时期有力的大后方。1949年冬，刘邓大军剑指大西南，横扫国民党残部，胜利完成了被称为"大陆最后一战"的西南战役。

当年11月23日，中共中央西南局成立，负责西南地区的接管建政工作，邓小平出任西南局第一书记。解放大西南出征前，邓小平、刘伯承决定从中央和老区选调一批新闻、邮电、公安等方面的干部，也招收上海、南京的大中学生和老年职工，组建中国人民解放军西南服务团，随军进入西南，管理建设西南。西南服务团后来成为管理建设西南的重要力量。

中华人民共和国成立之初，西南部分地区还处于不同社会制度交织和混合的阶段，发展相对滞后。而得天独厚的森林、矿产、水等资源，促使中央加快"建设大西南"的步伐。西南也是个民族关系复杂的地方，为了搞好西南地区民族团结，1950年，邓小平专门向社会学家费孝通请教。1950年1月2日，重庆收复不久，西南军政委员会成立后作出的第一个重大决策，就是修建成渝铁路。成渝铁路是新中国成立后修建的第一条铁路，从设计到修建，都是西南局第一书记邓小平亲自主持。[①]

1953—1988年，中央政府对西南基础设施投资达到三千亿元，20世纪六七十年代，"三线"建设时期，国家在川、黔、滇三省投资近千亿元。

来自全国各地的知青、工人、技术人员不断拥入成都。整个西南地区的经济发展在短短几十年间有了质的飞跃。在这场"建设大西南"的热潮中，1957年，铁道部在成都东郊布点木材防腐厂，这是一个"洋盘"的部级下属单位。

"专供"枕木　铁道命脉

也是1957年，谌中强一家从武汉迁入成都，住在木材防腐厂旁。那年他五岁，跟随父母来到成都生活。1978年，他作为知青从峨眉返蓉，进入铁道部木材防腐厂工作。

在当时，这是一件很让人骄傲的事。如此大规模的木材防腐厂全国仅有六七个，不仅规模大，生产工艺在西南乃至全国也是数一数二，并且生产的枕木属于"专供"。在计划经济体制下，能有一条专供运输线，就算是"洋盘"的厂了，而木材防腐厂足足有八条专用铁路线贯通

---

① 佚名：《挥师挺进大西南》，《潇湘晨报》，2004年8月19日。

厂内外，形成一个类似"大西瓜纹理"的环形运输网，可见其重要性。

谌中强以车间主任的身份退休时，是厂里的技术骨干。据他介绍，木材防腐厂有三百多名职工，以生产枕木为主。每年，从东北、湖南及四川山区采伐的优质木材，通过火车运进该厂。其产品主要服务于铁道部各单位的铁路、桥梁建设，为整个西南地区的铁路建设发挥了资源供给作用。整个厂主要包括木材、防腐、质检和机修等车间，每个车间又分为多个不同的"班"。

干了几十年，谌中强对每个车间都十分熟络，"像机修车间，又包括内燃班、钳工班、维修班、电焊班等多个体系"。每项工作都环环相扣，从木材进厂到验收都有严格的把控：已经成型的木材原料入厂后，首先需要通过露天风干，水分蒸发完后，小车拉着不同尺寸（用途）的木材进增值罐。进罐是防腐工艺的开始，"进罐之前，需要给木材刻痕，方便后期注入防腐油时能充分渗透，注油后再加压，最后放出油脂，并抽真空处理，木材防腐才算初步完成"。除了近十道严苛工艺，验收也极其讲究，根据道路、桥梁、岔路所需的木材的不同，注油深度也有所不同。有一根警戒线始终在谌中强这样的一线骨干的心里："一样都是木头，但是像轨道交叉处，桥梁、岔路口，所需防腐木的规格、长度全都不一样，这是关系到道路安全的大事，差一点都不得行。"

在大家对木材防腐厂的记忆里，印象最深刻的就是"大罐林立"，一个罐子直径二米、长十五米，十几个罐子占据了车间的重要位置。据项目经理李荣春形容，这些罐子要是出点问题，威力堪比"洲际导弹"。所以，到了20世纪90年代初，木材防腐厂的设备严重老化时，为了跟上时代的发展和生产的需要，厂里迎来了"三罐更新"的历史

时刻，将厂里所有的蒸制罐、机动罐和油水分离罐全部更新换代。李
荣春光荣地经历了这个历史事件，在长达三个月的时间里，厂里的工
人们三班倒，赶工期。新的设备也需要新的操作知识，李荣春回忆当
时热火朝天的情形时说："机器换，人也要跟着换，会派人去天津等
地方学习，学成后回来教大家，通过岗前培训才能正式上岗。"

防火单位也要防水

在几十年的发展之中，木材防腐厂并没有重大安全事故，但也不
是一帆风顺。当时的团委书记曾世琼比谌中强大两岁，比他入厂早几
年，也是木材防腐厂的"老资格"，在她的回忆里，一个个惊心动魄
的木材防腐厂"攻坚克难"的故事缓缓呈现。

"印象最深的是70年代，发生火灾隐患那次。"她说，因为部分
设备开始老化，加上高温高压、油标过高，滚滚黑烟从一个增值罐里
冒出，"洲际导弹"像是马上要爆炸了一样。发生火灾的车间的负责
人，一步也没敢离开，死死守住现场，和大家一起想办法。作为成都
市"一级防火单位"，厂里的两辆消防车不仅都出动了，附近的消防
站还派来消防车支援。好在厂里安全防火意识非常强，常年有对火灾
的预防和演练措施，最后，火情被及时控制，没有进一步扩散。"厂
里全是木材、油，要是发生爆炸了，后果不堪设想！"曾世琼说。事
后，车间负责人并没有欣喜，对厂里的人坦言后怕："如果真的出了
事，我就只有进班房了。"

除了火情，木材防腐厂还要应付未知的天气。据曾世琼介绍，

除了专供铁道部的木材，厂里还有专门的战略木材，以备战争需要。夏季发大水的时候，也是厂里厂外全员出动。由于木材防腐厂生产会产生许多木屑，如果堵塞通道了，就更为严重。曾世琼回忆起当时还未改道时的方家河大水："水都到大腿深了，看到什么工具用什么工具，人工进行排渣打捞。"

高福利和严管理

在那个时代，木材防腐厂的职工在婚恋市场上还是"香饽饽"。"实话实说，比邻近的地质学院老师还受欢迎。"谌中强回忆。

原来，当时国家规定的最低生活标准是8元，厂里学徒的工资大概在18元左右，一级工在30元左右，而最辛苦的木材搬运工则能拿到48元的高工资。除了工资，福利待遇也是数一数二的，"因为涉及物流运输，厂里粮食、布料等物资供应非常充足，经常有外面的人来托厂里的人买点啥高档货。"曾世琼说。那时，厂里几乎每个人都能分到一套房，厂里建有自己的幼儿园、小学，围绕着工厂建设的大社区方方面面都十分便捷。在他们几人的回忆里，那时候流行一句话："找对象就要找二仙桥厂里的！"李荣春还"忿忿不平"地说，老婆最漂亮的是那些搬运工的，因为"他们工资最高"！

而木材防腐厂的福利还不止于此，厂里为了充分调动劳动力，还让员工家属也充当了强有力的后备军，在当时被称为"五七队"。这些家属充当临时工的角色，帮助厂里处理一些简单的生产、后勤工作，在某种程度上，不仅增加了收入，也保障了防腐木的供应。

可以说，当年在这里工作生活，是美滋滋的。

而高收入、高福利和稳定安逸的生活，配合的是半军事化的管理和极其严格的考核制度，才保证了精湛的工艺和过硬的质量。在厂里，员工的提拔和升级直接影响收入，要通过笔试、实际操作、综合评议三项分数的打分来决定，且只有3%—5%的晋升率，四百多个人，每次只能晋升十来个，其难度大大超过现在的高考。谌中强说，那时为了保证公平，考官需要提前准备数套卷子，考生从中随机抽取题目，通过笔试后，还得将书本原理转化为实践，现场展示简单故障的排除，检验对设备的熟悉程度，"而且考试不是每年都有的，许多人干了一辈子也只等到了一两次"。为了这个考核，木材防腐厂还专门成立了转向考核组。

从防腐厂到物流中心

20世纪70年代，改革开放的春风也吹到了这里，社会经济体制发生变化。特别是从2000年起，国家开始对资源进行大力保护，禁采禁伐，木材原料大多需要靠进口。成本增加了，但防腐木的价格却一直受到国家计划经济的严格规定，未能上涨。高成本、低售价的情况下，木材防腐厂的营收日渐萎缩。

市场经济下，木材防腐厂也尝试着扩展业务，开始加大制作和售卖木质防火门等物资，也利用铁路专线做起了物流，水泥、西瓜、冻肉等物资，都曾行销成都，助力城市建设和市民生活水平提升。

2005年，木材防腐厂经历了一次华丽的转变。

▲ 二仙桥北一路　二仙桥街道办供图

借由二仙桥地理和交通运输的优势，配合那八条铁路专用线，木材防腐厂实施战略结构调整和企业转型，成为集仓储、装卸、加工、配送、运输、集装箱集散、仓单质押等物流业务为一体的综合性大型仓储物流企业。渐渐地，"中铁物资成都物流有限公司"的名字也取代了最初的"铁道部木材防腐厂"。

2012年，这里响应成都市"北改"号召，将位于二仙桥北一路的仓储物流基地整体搬迁，新址位于成都市青白江区祥福镇桂通北路111号。就此，过去的木材防腐厂完全变了模样，新的楼盘在原址拔地而起，剩余的空地等待着新的使命。

而少有人知道的是，当年，二仙桥在建设木材防腐厂的时候被拆除，就连李荣春、谌中强这样的"原住民"，也只剩下一个模糊的童年印象。还有一个秘密也只有他们这一辈人知道：如今崭新的二仙桥公园，仍保留着的那一小截铁路轨道，铺的枕木正是铁道部木材防腐厂所生产的。

大而全：西南地区的物资管家

成都平原，天府之国。《战国策·秦策》记载："田肥美，民殷富，战车万乘，奋击百万，沃野千里，蓄积饶多，地势形便，此所谓天府。"

成都有源远流长的仓储文化。

直到今天，大大小小的仓储类工业遗存仍然分布在成都市区，其中，成华区的工业仓储遗存尤为密集，这与近代特别是20世纪60年代以来，"三线建设"和"三线调迁"轰轰烈烈地实施关系密切。它们对我国工业体系的形成和发展、西部地区发展产生了重大影响，也改变了千千万万人的命运。

东部的军工、科研、高校、仓库、机关等单位迁移至中西部地区，改变了我国的生产力布局。这个中央的重大战略部署，纵贯国家三个五年发展计划，涉及十三个省份，占同期全国基本建设总投资的39.01%，有几百万工人、干部、知识分子、解放军官兵和成千上万民工参加。"三线建设"项目大多集中在西南和西北地区，四川、重庆是西南三线建设项目的重点地区，成都就是其中的主力城市。

"一五"时期，成都市作为全国重点建设的八个中心城市之一，在东郊规划建设了一个以电子、机械、仪表工业为主体的大型工业园区。大规模经济建设的帷幕在成都拉开，工业发展史也由此翻开新的篇章。

二仙桥

ER
XIAN
QIAO

▲ 圈内为八里庄老火车东站

　　这片热土曾承载了二百余家大中型企业的战略转移，工业产值占到全市70%以上，创造出了多项辉煌战绩：无缝钢管产量居全国第一、电缆产量居全国第一，为国家输送了大批工业技术骨干。这里是新中国现代工业文明史上一个标志性的符号，也为新中国工业发展做出了重要贡献。

　　建设者们从祖国的四面八方来到成都东郊，在圣灯寺、八里庄、二仙桥一带兴建成都东郊工业基地。大量配套性质的仓储类工业资源搬迁至这里，曾经的远郊开始人声鼎沸。

　　今天，作为中央的重大战略实施的"三线建设"已成为历史概念，但三线建设企业及基础设施项目的历史得以延续。物换星移，成都东郊完成战略转移使命后，伴随着国际局势的发展和国内改革浪潮的推进，逐渐退出工业基地的历史舞台，遗留下了大量工业遗址。

　　二仙桥路沿途的禾创药业仓库、109仓库、103仓库、101仓库等。每一个简单的数字编号背后，都承载着几辈人独特的时代记忆。在二仙桥片区，这里既有久远的天府历史，又有仓储遗址坚实的物质底蕴。

这些老旧仓库工业遗产，是连接城市记忆与新生力量的交会区域。

从荒凉"夹皮沟"到百货集散地

"团结求实，优质高效"，如果不是水泥墙面上这一句醒目的红字标语，今天路过府青路三段27号的人们，也许很难留意到这栋灰蒙蒙的老式建筑。

这是成都商储物流（集团）有限公司仓库（109仓库）旧址，占地4.2亩。大门上挂了一把铁锁。据附近的居民说，这里在2019年3月就停止营业了，等待"新的使命"。门外车水马龙的立交桥热闹非凡，门内偌大厂房空空荡荡，看得出来已经被清理干净。它是无梁柱帽结构，一楼门口墙上挂着用繁体字写的"自提商品接待办公室"的招牌，昭示了它曾经的繁忙。

这里将成为一个大型的创意办公区，从前，它因紧邻火车东站货运站而带来的辉煌，将以另一种形式呈现。走进这栋五层大楼，在宽阔的仓库车间说句话都有回音，墙上的商品标识排列有序，三四米高的红色防火门把房间一个一个隔开。"当时成都人从头到脚的装备都是从我们109运送出去的。"如今负责看管仓库的管理员李蓉说。物资贫乏的年代，在这些有供销性质的仓库里工作的员工都有着一份骄傲。当时间倒退回四十年前，如今在超市"触手可得"的商品还得靠统一配发的年代，眼前略显老旧的109仓库，每天都会把衣物、床单等不计其数的日用品运往成都市及周边区域的卖场。作为20世纪成都，乃至西南片区居民生活物资的补给站，其重要地位不言而喻。

中华人民共和国成立前的成都，工业基础十分薄弱，成都人称之为"马路不平、路灯不明"，工业只有"三根半烟囱"[1]：第一根是东风大桥的启明电灯公司；第二根是造币厂；第三根是军火厂；还有半根就是火柴厂了。[2]

1950年到1952年，全国进入国民经济恢复时期。成渝铁路和宝成铁路的相继通车，为成都经济的恢复和发展提供了有利条件，成都市派出大批军队和地方干部深入企业，帮助企业恢复生产，截至1952年12月，成都市基本完成了恢复国民经济的任务。[3]

1955年，国务院正式批准成都设置工业区，1956年，在苏联增加援助中国建设55个项目中，成都量具刃具厂、红光电子管厂、西南电子管厂和成都电机厂被安排在东郊建设。

经济起飞大幅提高了资源与货物的出入量，原本的仓储水平已无法满足工业建设与人民生活的需要，亟须设立一批容量更大、种类更全的专业仓库。如此大面积的仓储区究竟建在哪里合适？政府部门将目光投向了城东北的二仙桥。

---

[1] 钟文：《亲历者谈：从"三根半烟囱"到引领西部工业经济发展》，《成都日报》，2011年7月1日。
[2] 简文敏、陈瑶：《成都旧工业：三根半烟囱》，四川在线，2005年10月25日。
[3] 出自《成华区"禾创点位完美世界文创产业园项目"仓储物流文化研究报告》。

▲ 俯瞰二仙桥东、北路片区　二仙桥街道办供图

　　因毗邻当年中国西南地区最大的货运编组站——成都东站（今八里站），货运交通十分便捷，二仙桥俨然成了建设仓储区的不二之选。而当时的二仙桥可谓一片荒芜。军人出身的刘继泽于1988年5月从成都军区退役，担任原四川省对外贸易成都转运站（即101仓库）书记。据他回忆，即使到了1979年，除了厂房和库房，二仙桥一带仍然只有大片的农田和堰塘，"来往的汽车把路压得坑坑洼洼，除了职工没人会愿意来，老百姓们都管这里叫'夹皮沟'"。过往骑自行车的行人常常摔跤，甚至时常出现偷窃抢劫等恶性事件。

　　而就在这片远离城市中心的荒凉之地，一批涵盖钢材、医药、生活用品的各类仓库顺着铁路线纷纷建造起来，二仙桥地区也逐渐成为成都最大的物流集散地。每天都有来自全国各地的货物在这里短暂集合，又被分类发往各地。仓库犹如工业的心脏，在"输血"与"供血"中让城市的脉搏不停跳动。

仓库的多变角色

相比109仓库一直承担日用百货供应，101仓库扮演的角色更加多变。20世纪70年代，它是成昆铁路专业机械的生产基地；改革开放后归四川医药保健品进出口公司管理，流动线上的货品也从钢铁变成了中药材；90年代后，货品种类更加多样，成为成都乃至西南地区重要的百货供给点之一。

101仓库位于成都市成华区二仙桥西路32-6号，中环路八里庄路段外侧，地铁7号线北侧。建于20世纪50—60年代，原业主为铁二局机械厂。2016年经旧城改造，项目业主变更为成华区旧城公司。

101货运市场为1969—1970年成昆铁路建设大会战中，铁道兵援建成昆铁路的机械生产和后勤保障重要基地。1969年，成昆线建设在周恩来总理的主持下重新启动，并于成都成立铁道兵西南指挥部，要求确保1970年7月1日全线通车。铁道部调集全国各地工程兵约十六万人奔赴成都支援建设，在八里庄特设成立了机械加工工厂，编号101。101厂既是成昆铁路建设专业机械的生产基地，也是重要的后勤仓库之一，为成昆线顺利通车做出了特殊贡献。

101仓库占地面积约二十一亩；包括一间红砖钢混排架结构仓

▲ 101仓库一角　曾灵　摄

库、一座红砖水塔、三间钢混结构框架大棚。以红砖房、大跨厂房、大型构架为主，建筑跨度大，空间开阔。

2019年7月21日，我们走进了101仓库所在地。建筑群四周长满了齐腰高的野草，拆卸未尽的砖块与砂石也已占据了以往忙碌的运货通道。

红砖的大跨厂房框架尚存，原本摆放机器的位置被青苔覆盖，坚硬的支撑板成了候鸟的栖息地。这里，"质量重于泰山"的红色标语依然醒目。这个单体建筑当年堪称全成都最土豪的"房间"，如今也能从墙面上残存的货物名称与编号中，窥探出从前的风采。

这里将成为一个综合创意园区。而当把时间的指针拨回到20世纪50—60年代，如今空无一人的"废墟"连接的是整个成都的命脉。它原为铁二局机械厂生产车间、宿舍、礼堂、仓库、车间、水塔等，以红砖房、大跨厂房、大型构架为主，其中一间单体仓库，占地约十一亩（7300多平方米），气势磅礴，远远地就能看见。

与普通仓库只负责储存不同，分为仓储、加工、质检、发运等部门的101仓库更像是一个加工厂。

在计划经济时代，物资的来往都必须遵循严格统一的调配，需要货物的一方必须提前向省上供应站申请，得到批准后，才会有专门的火车将货物拉到仓库。上百吨的货物一到指定点位，仓储部的工作人员就会马上分门别类地收货，并将收货单交给保管员，而根据收货方需求，仓库将对它们进行不同的处理。

例如，当一包虫草到达仓库后，质检员首先会用金属探测器一根根检查其中是否掺杂作假的铁丝，并通过发潮技术让卷曲的虫草重新"伸直腰杆"，再用工具细心刷去表面与缝隙中的杂质，直至最后包装结束由外派代表完成检查，这批货物才能被打上"合格"标签。

发货时的阵仗更像是一场战争，只要一接到省供应站发来的货单，仓库的大喇叭就开始连续播报货物名称和终点站，负责的保管员就会马不停蹄地开始准备清点和包装，时刻准备发出货物。

据刘继泽介绍，每天都有来自全国各地的货物在这里实现二次变身，再装上火车或搬上飞机，被发往不同的终点站。由二仙桥仓储区处理加工的货物从成都运往全国各个大小城市，甚至远销美国、俄罗斯、韩国等国家和地区，让中国制造实现国际化。

"双面"管理

井然有序的工作节奏离不开严格的管理制度。101仓库的大门犹如一道隐形的关卡，时刻用最严苛的标准控制着货物的进出。即使是经过几天奔波，半夜到达仓库的货车司机，因为没到仓库上班时间，也只能在门外等候。原101仓库会计梁虹的丈夫曾是101仓库的一名货车司机，回想起丈夫以前的工作，梁虹不由感叹道："真的是太辛苦了，仓库管理制度非常严格，他没有交接货物就不能走，只能在车上休息等着开门，这也是没办法的事。"

▲ 101仓库水塔　曾灵　摄

货物进入不容易，要想出库也同样难。因当年条件有限无法安装摄像头，仓库就安排工作人员24小时轮流值班以保障货物安全。一到下班时间，除值班人员之外，仓库内所有工作人员都必须全部离开，且无论官职大小都必须"净身出库"，一律不允许夹带物品。

贵重货品运出配备有专门的经济警察持枪保护，还会安排押运员随车护送。一批货物往往要经过无数人之手，仓库铁打一般的严明纪律，在最大程度上提供了安全防护。

但再严格的把关，也不能完全防止意外发生。20世纪70年代，在一次将党参从甘肃运回的途中，由于仓库保管员与对方在交接时出了差错，直接导致三十箱优质党参丢失，公司损失超四十万元。在经济还不算发达的当年，这次失误无疑给了101仓库一记重创。痛定思痛，仓库管理部门吸取教训，立刻制定了"校对出门条""当面清点"等更为完善严明的管理制度，为仓库加筑了一层保险。

仓库管理货物"不近人情"，但对待员工却充满人情味，除了每年例行的节日物资和年终奖，仓库工会还会定期举行聚餐与舞会，甚至还会组织员工出门旅游。

而团结一心的公司文化更是让退休多年的老员工们记忆犹新。因临近方家河，每年雨季，二仙桥西路的仓库都会面临洪灾的考验。洪水如猛兽一般袭来，员工宿舍往往会被水淹，灾后甚至需要三四台抽水机一起工作才能排干满屋子的水。而当洪灾来临，仓库员工来不及担心自己的住处，怎么使仓库里的货物不被冲走或淹没，才是他们考虑的要紧事。

据刘继泽回忆，1981年的洪水来势异常凶猛，倒灌的河水已经齐腰高，六七箱蕨菜瞬间被淹没。"虽然派出了二仙桥武警支队来帮我们抢救物品，但还是损失惨重，街道办的领导们看到仓库被淹的惨状都忍不住哭了。"为了减小损失，仓库的工作人员自发地去买来火车的枕木垫高货箱，并用防护布将贵重货物进行包裹。洪水退去，无论领导还是员工，全都成了"泥人"。

水灾还可预报，留给仓库准备时间，而一旦有火苗蹿出，顷刻间，价值上百万的货物就会化为乌有。101仓库自建立起从未发生过消防事故，员工从上到下的高度重视无疑为仓库筑造了一道防火墙，每月都要进行的一整套消防演习，由消防支队不定期进行的突击检查，小到人员集合的最短时间，大到八百平方米里灭火器的个数，都必须严格遵循消防规定。

井然有序的分工，细致严明的管理，使以101仓库为代表的二仙桥仓库逐渐成为西南地区与祖国其余各地的"连接点"。1989年，101仓库获四川省医药管理局授予的"四好仓库"称号。

禾创仓库的激情转型

现在，包括101仓库在内的二仙桥工业遗址将被改造成一片集商业、文创、政务办公等的新型区域，沉寂许久的仓库也将重新焕发光彩。

这种焕发首先将在禾创药业仓库显现。2019年8月，这里作为成都市最新的文创产业园正式面向公众开放。在这里，原本废弃的厂房被重新规划，修建一新。园区利用灯光、投影、悬挂等互动装置，让20世纪的老建筑在夜间展现出别样的风采。而红砖与深金属色的主色调，更显示出独特的时代感与沧桑感，其中，最让人眼前一亮的就是两排整齐的"红仓"。

这是禾创药业仓库的苏式建筑群，位于成华区二仙桥西片区，为一层连片"红砖红瓦"房，于20世纪50年代落成，这正是我国红色建设大旗遍布的时期，具有典型的"红色"时代背景和"红色"建筑背景。

那是中华人民共和国成立初期，我国学习当时苏联的先进储粮经验，引进推广了很多苏式平房仓。这里原为成都市医药采购站储备仓库，占地面积约21.6亩，总建筑面积约10103平方米，仓库共计8个。主楼高耸，左右呈中轴对称，屋顶造型独特，建筑立面马头墙处理方式体现出建筑形态美感，回廊宽缓伸展，有檐部、墙身、勒脚"三段式"结构。紧挨着的是原红砖4层宿舍楼2栋、4层冻库1栋，均保存完整。据我们了解，这些建筑都是根据苏联设计图纸所建的。

这个仓库和101仓库一起，主要承担了当时成都市医疗药品、战备医疗物资的储备功能，并依托铁路线向西南各地市州配送相关医疗物资，是当时重要的医疗药品、物资中转地。

作为中转枢纽，成都医药采购供应站为药品生产企业和药品销售企业提供了更为经济的购买、运输和销售的途径。它通过减少生产企业所要直接面对的小额订单，降低了生产企业的成本，同时减轻了因为要面对所有生产厂家给零售企业带来的负担，是药品流通中极为重要的一个环节，为药品流通过程中费用的不断下降起到了关键作用。

这里曾创造辉煌。成都医药采购供应站建立之初，仅有职工113人，建筑面积2250平方米，固定资产7.76万元。到1990年，发展到职工408人，拥有固定资产607万元，净值462万元，占地面积2.8万平方米，营业面积1488平方米。当年，供应站销售总额为13623万元，为建站初期购销总额的5倍多，是川西地区最大的医药批发企业之一。其中，包括禾创及101在内的仓库面积达2.14万平方米，并有完善的仓储设备和铁路专用站台。

如今，当我们走进完美世界文创产业园区，可以看到这里已经从老旧的仓库群，变身为成华区工业遗产保护利用和文创产业转型升级发展的重要载体。

小而美：蜜蜂集散地①

"天时地利站和"

如今走在二仙桥，鳞次栉比的高楼正在拔地而起，文创产业园区的修建正紧锣密鼓地进行，双向多车道上车辆川流不息。蓬勃的生机让人时刻感觉到这里的都市气息和现代化。少有人知道的是，二仙桥曾是西南地区最大的蜜蜂集散地。

二仙桥毗邻原来的成都东站，即"老东站"。关于成都的"老东站"，可能要上了点年纪的成都"土著"才知道。这里曾是中国西南地区最大的货运编组站，交错分布着二十多条铁路专用线——它们是成都城东物流仓储行业发展的保障。

因为老东站的存在，二仙桥地区成了当时成都重要的仓储中心和老工业基地，这里是成都最大的物流集散地，百货、粮食和电器都在这里周转。

装卸蜜蜂的货场，远离市区，四周没有围墙，是一个开放式货场。这里本是成都火车站的一个货场，以装卸沙石为主，当时人称"二仙桥沙石场"。货场平时以装卸沙石为主，到了运蜂季节便成了装卸蜜蜂的专用场地。现在的二仙桥西路、东路就从该货场原址

① 参考文献：鲍敬恒：《回忆二十世纪七八十年代四川蜜蜂集散地——成都二仙桥》，《蜜蜂杂志》，2012年第3期。

穿过。相邻街道两旁多为厂矿企业驻成都的办事机构，行人、车辆较少。

在20世纪的70—80年代，这里每年的3、4月都会迎来全国各地的蜜蜂，一蜂箱堆一蜂箱，一车皮接一车皮——这里是"甜蜜小天使"们春繁转场的蜜源地，二仙桥则充当了它们发车赶往下一个蜜源之前的"俱乐部"，每年会有上百万箱蜜蜂在这里上下车，是四川最大的蜜蜂集散地。

这样的场景在今天难得一见，但在计划经济体制下，却显得理所当然。那时所有物资由国家统一掌控和分配。汽油、柴油和运输车辆属于计划分配物资，由运输部门配备指标，定量供应。当时的汽车运输公司，都是以地区为单位组建的。上级根据情况，配给一定数量的车辆。车辆用油，凭证在本地区范围内的加油站加油。跨地区运输需要自带油料。跨省运输不但要自带油料，还必须到有关部门开具"出省证"后方能出省。相比之下，火车运费比汽车运费便宜很多，因此铁路运输成为各行业长途货运的首选，养蜂业转场运蜂也不例外。蜜蜂运输当时属国家重点运输，铁道部每年都要发文，成都铁路局要依据发文制定具体的运输工作细节，对蜜蜂通行大开绿灯，并且将运输价格压到最低。据原成都市蜜蜂管理站的书记李东林回忆，当时运输蜜蜂的货运车厢价格十分便宜，一个车皮才几百块钱。

蜜的天堂，蜂的海洋

四川是我国最早的菜花蜜产地，也是西南地区两大蜜蜂春繁基地之一，每年入冬以后有大批春繁蜂场进入四川。花期前，在云南春繁的蜂场都要到四川采油菜花蜜；花期结束，所有蜂场都要退出四川，到北方赶第二个油菜花蜜源。

那个时候，全国四面八方的蜜蜂都要到成都中转越冬，其中尤以浙江、江苏两地的蜜蜂最多。每年冬季，到四川春繁的蜂场在二仙桥下车后，由于当时气温低，蜜蜂不活动，一般不急于进入春繁场地，养蜂人员借此机会可以逛一逛成都市，买一些生活必需品，彻底放松一下。一些越冬蜂好的蜂场，可以在此出售一部分越冬蜂，增加收入。越冬蜂差的蜂场，也能够在这里买到部分越冬蜂补充一下群势，二仙桥自然而然成了买卖越冬蜂的交易市场。

20世纪70—80年代，我国最大的铁路中转站是郑州站，但是蜜蜂都要拉到成都来中转。为什么成都能成为当时蜜蜂的中转站？原来，郑州当地蜜源少，而成都平原大面积种植油菜。李东林说："走在以前的小公路上，周围全是一眼望不到头的油菜花。"

20世纪70—80年代，成都油菜种植面积300万—400万亩，是名副其实的全国"蜜库"。时隔三四十年，李东林还能清晰地记起那时候成片的金黄油菜花、沁人心脾的芳香和一群群飞舞的蜜蜂。当时，运蜂时间大概是3月中下旬到5月初，4月份四川油菜花期结束后，还有芍花开放，有时候蜜蜂还会采一下芍花，因此运蜂时间会延长到5月初。

20世纪70年代蜂群数量较少，在二仙桥上下车的蜜蜂都可以摆放在货场以内。在当时车皮紧张、运力紧张的特殊情况下，蜜蜂进站后不能及时装车，有时要等好几天。在此期间如果遇上晴天，中午温度升高以后，出巢爽飞的蜜蜂汇集到货场上空，遮天蔽日，轰鸣声传出很远。

改革开放后，各项事业飞速发展。在20世纪80年代，蜂群数量迅速增加，每年进出四川的蜂场越来越多，尤其是油菜花期结束时，蜜蜂出川的时间较为集中，每天有近万群蜜蜂在二仙桥等待装车。高峰时一天要装近百个车皮（每个50—60吨的车皮一般可装240个继箱群）。由于"进站"装车的蜜蜂太多，货场内容纳不下，只能摆放到相邻的街道和马路上。到了每年3月下旬大批蜂场出川时，与二仙桥沙石场相邻的街道和马路上，摆放的蜂场一家挨着一家，没有行人下脚的地方。

每年这时，二仙桥都可以用"壮观"二字来形容。据甘肃省定西市南川华实农业科技有限公司的职工鲍敬恒回忆，当时铁路沿线的过道都被蜜蜂挤满，只剩窄窄的一条小路。等待上车的蜜蜂，有时许多自然分出来的分蜂群合并在一起，结成直径五六十厘米的蜂球，悬挂在周围的桉树上。另外还可以看到成群结队的雄蜂在空中追逐处女王的画面，平时难得一见。

更壮观的是人。原来平静的二仙桥，忽然在一夜之间变成了另外一种繁荣景象，平时行人稀少的街道，也顿时热闹起来。操着各种口音的养蜂人员在平时冷清的商店、食堂和其他公共场所进进出出，在街道上逛来逛去，嬉戏打闹，下棋打麻将的都有。当然，还有人就地买卖蜜蜂。

鲍敬恒回忆，四川买卖越冬蜂的方法与云南不同。云南买卖越冬蜂以"斤"为单位，用"秤"称量，不带巢脾。四川买卖越冬蜂以"脾"为单位，凭"眼力"估算，有一脾需要带一张巢脾。在二仙桥，每当有人买卖越冬蜂时，会有许多同行围观。如果买卖双方对蜜蜂在巢脾上所占面积估算的差异较大时，围观者可以进行评判，直到双方满意为止。虽然在众人的评判下出入不会很大，但比起用秤称量的方法，还是欠公平的。

然而，这样的情况可苦了附近上下班的职工和上下学的学生，出门时都要戴上防蜂帽、手套，扎紧袖口、裤脚口，甚至还要以纱覆面，小心翼翼地穿行在蜜蜂的海洋中。即使是这样，被蜇的事也每一年都在重复上演，大家都习以为常了。

军事化管理的运输

每年都被蜇的还有参与蜜蜂运输管理的工作人员。现任成都市蜂业学会秘书长的李东林，半辈子与蜜蜂打交道的他，如今有个小病小痛都习惯逮只蜜蜂来"蜇一蜇"，然后"全身都舒服了"。

那时，李东林还是个年轻小伙儿。20世纪80年代地市合并后，原温江地区养蜂站改组为成都市养蜂管理站，时任书记的他便在每年的运蜂季节协助东站铁路运输工作人员负责蜜蜂的检疫、发车时间安排和场地调配等工作。

在李东林眼中，车站的蜜蜂运输管理工作是运蜂环节中重要而必要的一步。蜜蜂的装车、运输过程要求很严格，实行"军事化管理"。蜜蜂管理站一方面要特别留心装蜜蜂的车皮之前有没有装过农药，另一方面对蜜蜂的管理也是严上加严。

各地的蜜蜂到了二仙桥，像今天"过海关"一样，一定要"三证齐全"才能被运走：运输计划证、养蜂证、检疫证。外地来的蜂群一般在各区县的蜜蜂站就检查得差不多了，少数漏检的蜜蜂到了二仙桥，就由铁路上负责运输的工作人员临时检疫和开证。李东林当时也负责协助蜜蜂检疫，据他回忆，当时的检疫不靠定量的数据和专门的仪器，全靠"目测"。可别小看了这目测检疫，里面大有门道，有经验的养蜂人能根据蜂群飞舞的状态、发出的声音和蜂体的颜色来判断一群蜜蜂的质量。例如，颜色偏黑的是年老蜂，偏黄的则是年轻蜂。有活力、健康的蜂群才能开具检疫证，蜂农凭齐全的三证顺利将蜜蜂运走。

现场的搬运就像打仗。为了减少蜜蜂的停留时间，让蜂场尽快赶到下一个蜜源地采蜜，管理方想了许多办法。二仙桥铁路沿线是一个编组车站，每年运蜂时节，外来的运蜂队伍要先提前一个月将运蜂计划报到东站，铁路局批准了车皮计划后才能上站发车。上站时间确定之后，运蜂队伍要提前一天到达组站沿线预约登记，养蜂管理站则要协助安排好每个蜂场的具体装车时间。发车计划下来之后，铁路运输办公室就把车皮发到铁路上，并且优先调拨装蜜蜂用的车皮，保证满足每天蜂用车皮数量。每天晚上，在马路上排队等待进场的运蜂车辆，有时长达几千米。每年的运蜂季节，二仙桥铁路大概要运一百万箱左右的蜜蜂。李东林回忆，那时一晚上要拉好几个整车，有时候甚至要连续拉上十几天。

在计划之下，蜜蜂什么时候到、什么时候走，时间都要严格遵守。例如，有一批蜂按计划是晚上十点到，两个小时之内装走，那么蜜蜂到了之后就要迅速装车，装完一车之后装下一车，一节一节依次装好准时发车运走，不得延误。此外，出川的蜂车一般都是当晚到、当晚运走，停留时间基本不会超过一天，回川的蜂车才会等个一两天，总的来说运输节奏是很快的。

鲍敬恒也有同样的记忆，当天装蜂的蜂场零点以后进场，晚十二点以前装车完毕。第二天早八点前把蜂车挂走，做到了快装快运，蜜蜂在站停留时间不超过一个白天。当天装车的蜂场，如果零点以前到达二仙桥，必须服从治安人员的指挥，在货场外的马路上排队等候。

据说，20世纪70—80年代的成都，油菜和水果年年增产，跟蜜蜂中转有着很大的关系：蜜蜂在此处传花授粉，增加了作物的产量，特别是油菜产量，能增加百分之三四十！

从鼎盛到沉寂

那时的二仙桥，因为蜜蜂，除了热闹还有意外。

前期投入了大量的人力与财力将蜜蜂繁殖起来，运到二仙桥后却因为成都的阴雨天气，蜜蜂无法在规定时间内外出采蜜，这对蜂农来说是毁灭性的打击，这时，他们会向蜜蜂管理站申请修改出发时间。

运蜂车停下后不能把蜜蜂憋在车里，要打开车门将蜜蜂放出去采蜜。但是，蜜蜂一般晚上七八点采完归车，如果遇到下午四五点发车的特殊情况，蜂农只能冒着被蜇的危险强制关上车门然后将蜜蜂按时运走。这些剩下的蜜蜂或是到期自然死亡，或是被其他养蜂人想办法收走。

为了维持秩序，车站临时增派治安人员。治安人员不仅要预防没有买车票的人员随着蜂车"跑了"，有时候还要劝解和协调，蜂农为了抢占方便上车的有利地形，会发生口角甚至打斗。

因此，养蜂管理站负责的协调工作对蜂农来说是非常重要的，如果当时二仙桥没有养蜂管理站和铁路运输部门的合作协调，那蜂场中转的运输境况将难以想象。

那年头，为了更好地做好运蜂工作，市养蜂管理站每年要给区县的养蜂管理站开一次运蜂联席会议，由管理站的工作人员和铁道部门的干部传达蜜蜂运输时节的安排和注意事项。除了协助铁路运输部门做好蜜蜂运输工作，李东林还要根据蜜源情况让各区县给全国各地的蜂农安排场地（当时各区县设有专门的养蜂接待站，如郫县养蜂接待站、新都养蜂接待站等）。

李东林自己也曾经体验过一次运蜂的过程。20世纪70年代末，他随运蜂车皮从宝成线出川将蜜蜂运送到宝鸡的陈家村（当时的地名）——拿几个空箱子来放行李，人就睡在蜂车上，要上厕所只能等到下一个停靠站。在这样的条件下，他坐了一天一夜的火车将蜂群从成都二仙桥运送到了陕西。当时养蜂管理站有一名女干部去陕西开会，会议期间就住在养蜂的帐篷里，李东林和她同住一个中间用帘子隔开的帐篷。帐篷就扎在河边，晚上两个人隔着帘子在星空下聊天。现在回想起来，那真是一段青春浪漫与工作激情交织起来的美好岁月。

每年运蜂完成之后，5月份，成都市各个区县养蜂管理站的工作人员和蜂农代表都要到宝鸡去开养蜂管理会议（宝鸡当时是全国蜂蜜产品的集散地，各地生产出来的蜂蜜产品都要到宝鸡去中转）。会议要根据市场上蜂蜜产品的销售情况来确定来年的放蜂路线（比如说今年蜂蜜好卖就放蜂到蜂蜜主产地，蜂王浆好卖就放蜂到蜂王浆主产地）。

长期下来，约定俗成的出川蜂场一般分成两路：一路赶苏北的油菜花，一路赶陕西或河南的油菜花。货场内的两条专用线，一条专门装去苏北的蜜蜂，一条专门装去陕西、河南的蜜蜂。去苏北的蜂场一般都在徐州站下车。所以，发往徐州的蜜蜂车多为"蜜蜂专列"，三四天便可到达。去河南的蜂场一般在多个车站下车，由于下车地点分散，需要六七天才能到站。

据李东林回忆，在计划经济体制下，私人养蜂的比较少，多为生产大队集体养蜂，20世纪80年代之后，私人养蜂才逐渐多起来。

随着改革开放的不断深入，取消了汽车出省运输限制，汽柴油供应放开，私人可以购买机动车辆搞运输，新建、改（扩）建公路（尤其是高速公路）通车里程数逐年增加，公路运输四通八达，汽车可以跑遍全国各地，可以在任意一个加油站加油，为转地蜂场利用汽车长途运蜂提供了便利条件。现在的转地蜂场长途运蜂时，再也不用事先到铁路局报批"车皮计划"、提前到货场预约登记、在马路上排队等候进站。只需一个电话，汽车便可开到蜂场驻地，既方便快捷，又省时省力。所以，转地蜂场追花夺蜜时，全都改用汽车运蜂（为了节省运费，南繁时仍采用火车运输）。四川油菜花期结束后，在出川的公路上可以看到满载蜜蜂的汽车，一辆接着一辆向北开进。

后来蜂群慢慢转移到沙河堡站去中转。二仙桥的蜜蜂集散地一直运行到20世纪90年代初期，完成了自己的使命，才逐渐沉寂下来。

穷究于理，成就于工：大学的精神

在每一个成理人心中，成都的"理工"，理工的"砚湖"，早已不是一连串单一符号和水土的联想，而是一种能与时代精神共存共舞，能于传统人文之大势之下见诸精神与成效，是经由一种质朴、一种美善的文化传导所达成的格物与致知。这是一座夯筑了六十多年的思想之园，是一首绵延了六十多年，击叩学术、崇尚科学、爱国奉献的大学之歌。

选址大坟包，立足十里店①

背景

1952年，中华人民共和国成立之初，借鉴苏联的教学模式，全国高等学校的院系进行了全盘调整。这场教育体制改革，涉及全国四分之三的高校，形成了20世纪后半叶中国高等教育系统的基本格局。随着全国院系和专业的调整，机械制造、土木建筑、地质勘探、矿藏开采等成为专业建设的重点。在这一年，毛泽东首次提出建设地质类专业学院的想法，将一些综合性大学的地质系进行了拆分。

翌年，在党中央的直接领导下，由周恩来、陈云主持制订的"一五"计划轰轰烈烈地展开了。第一个五年计划集中力量进行工业化建设，为我国的工业化奠定了初步基础。随着工业化建设的大规模推进，中国急需大量专业人才，尤其是工业建设的专门人才。

但在具体的运行之中，能源资源方面的缺陷凸显出来，由于地质情况不明、矿产资源的家底不清，导致很多重要项目没法上马。因此，1952年8月10日，根据《关于调整中央人民政府机构的决议》，中央人民政府第十七次会议决定成立地质部，部址选定为原中国地

---

① 参考文献：1.佚名：《1952年"扛一辈子长工"的何长工》，《国土资源导刊》，2013年11月，总第87期。2.佚名：《国土资源部的前世今生》，土地资源网，2012年。

质调查所旧址——北京市西城区兵马司胡同9号，并任命李四光为部长。从此，李四光走上了领导全国地质工作的重要岗位。

为了保证李四光有充分的时间从事科学研究，需要找一位阅历丰富、组织能力强、管理经验丰富的得力副手主持地质部的日常工作。毛泽东、周恩来想到了何长工。1952年8月，德高望重的何长工调入地质部，出任副部长。此前，何长工曾任重工业部副部长、代部长，以航空、钢铁、造船、电机和动力工业为重点，抓了重工业部的组建工作，奠定了我国重工业和航空工业发展的基础。

其实，何长工调到地质部，是在地质部成立前不久才决定的。1952年8月7日，中央财政经济委员会副主任薄一波找何长工谈话："组织上决定调你到即将成立的地质部去工作。"何长工感到十分突然，遂以自己不懂地质和因身体原因爬山越岭困难为由，要求到其他部门去工作。薄一波说："这次调动是周总理向毛主席提出的，毛主席同意你去地质部，说你有那么一股劲。"薄一波还说："事情定得很急，也来不及和你商量。"当日下午，何长工被任命为地质部副部长。就这样，何长工来到地质部，开始了他长达二十多年的地质工作生涯。

这一年，在国家战略的背景下，北京地质学院、长春地质学院先后建立。组建不久，尚无校舍，当年招收的学生只能借地上课。为此，何长工亲自抓选择校址、师资调配、建校规模、重要基建物资供应等。他奔走往返，利用自己的特殊关系，争取学校所在地省、市领导和国家有关部门的支持，极大地推动了建校进程。一年之后，中华人民共和国地质教育的最高学府——北京地质学院（现为中国地质大学）、长春地质学院（现为吉林大学地学部）教学楼竣工，学生们进入新校舍上课。

在抓北京、长春两校建设的同时，何长工也开始了布局西南地质院校的筹备。1956年3月，时任南京地质学校党委书记兼校长的周道被副部长何长工请去谈话。不明原因的他怀着一颗忐忑的心走进了副部长的办公室。几个小时后，周道走出了办公室，长长地吁了一口气。此时的他，身上已经多了一份责任。

2006年，八十九岁的周道接受采访时，依旧清楚地记得当时的谈话内容："第一，国务院已经批准在成都建立一座地质勘探学院。第二，学校规模是九千人（后来正式批文是八千人）。当年建院，当年招生。第三，我、路拓负责领导建校。"

这意味着我国第三所地质院校——成都地质勘探学院的设立铁板钉钉。此后，筹备之事接踵而至。1956年4月，建校委员会成立，任命周道、路拓为副主任即主要负责人，4月22日，周道与夫人来到成都。此时的他正好三十九岁。

至今在成都理工大学的东区图书馆里，仍然保存着周恩来签发的给周道的任命状，纸张已略发黄："任命周道为成都地质勘探学院副院长　总理　周恩来　1957年2月7日。"文件的编号已模糊不清，一纸重任却仍记录着时代的节点。

选址

周道到达成都的第一件事，便是请李井泉（原中共四川省委书记）带领他视察院址。十里店位于城东的丘陵地带，放眼望去，尽是高高矮矮的小山丘，农民在三三两两的水塘里养了鱼。当他环绕整个院址一周后，双脚早已泥泞，周道陷入了深思，半晌，淡淡地说出两个字——"恼火"。

实际上，这已经是经过时任地质部教育局办公室主任的陈籍思挑选过后的院址了。1956年3月，与周道同龄的陈籍思"提前一步"，揣着一封介绍信从北京来到成都，为筹建中的成都地质勘探学院选址。他被安排在坐落于现春熙路的省委招待所住下。

第二天，陈籍思就和一同选址的几位专家一道，在李井泉、米建书（时任成都市市长）的带领下，直赴选址地点。在成都平原，川西是粮仓，农田肥沃，在不影响当地农业的前提下，几位专家决定在城东面的丘陵地带择址。

他们来到了成都东南面——一片大坟包场地。"那里啊，地方不够开阔，'风水'也不是很好，建设学校并不特别理想。"陈籍思回忆。于是乎第二、第三天，一行人又来到了东北方向，也就是十里店。

十里店，一个塘子，一个庙宇，一个幺店子（过往行人歇脚打尖的地方），距城十里，名曰十里店。这里只有不大的一片地方是坟包，东面是小村庄，南面也是小村庄。陈籍思很快相中了这里，这地方好啊，有山（处于丘陵地带）有水（三个小蓄水塘）："虽然离城很远，但是从现在看来，为学生的学习生活以及教师的工作提供了一个安全安静的环境。"

选择十里店还有个更深层次的原因，周道曾对学生回忆说，当初政府在龙潭寺附近规划建立八大院校（该想法后因种种原因未实施），构成一个类似北京海淀的文化教育圈。

但是十里店的提议一上报，上级领导就有不同意见。规划中要求各大院校选址，要充分考虑专业优势与周边环境结合，如成都电讯工程学院（现电子科技大学）周边应形成电子工业集群。由于地质院校处在十里店，并没有有效的资源可借助，上级领导提出将学校建在西昌。

这个提议一提出，就遭到了大部分人的反对。当时，十里店的交通、建筑等已属于众人可接受的底线。成都理工大学原峨眉山实习基地主任冯陵回忆，当时的十里店，没有公共汽车站，车辆很少经过那里。路是碎石路、黄泥路，走起来尘土飞扬，若遇上下雨天，路面就坑坑洼洼，泥泞不堪。"我天天骑自行车来上班，经常是泥土卷入车轮，推都推不动，只好抬起走。"而如果院址迁往更为偏远的西昌，意味着建校将面临更大的困难，并会限制学校的长远发展。

从3月初到5月末，学校的地址成为最为头痛的问题。有人提议建在高校密集区——华西医科大学附近，然而那里处于市区中心，政府欲重点发展经济，不予割舍。又有人提议，在狮子山建校（今四川师范大学附近），更因交通、水电和十里店一样不便，再次遭到否定。

是年4月，距离9月开学只有短短数月，校址还没确定，建校仍仅仅是中央的一纸文书。建校委员会的人急了，几经讨论商量，与政府讨价还价，决定先在十里店搭建草房，安定教职员工。倘若最后校址有所变更，可直接拆除，不至于给国家造成太大损失。于是，校址在经历了多次否定之后，最终还是确定在了十里店。

那时，十里店除了几个破旧的村落外，最显眼的莫过于偌大的坟场，人称"大坟包"。原校长助理丁克坚回忆，为了建校，建设者经过一一盘点，将412个坟悉数迁到了北郊。原以为平整了坟地就能动工，结果一

▲ 成都地质勘探学院校门旧貌　成都理工大学档案馆供图

波刚平一波又起。5月，时值当地农民栽种青苗，突然而来的建校，让他们几百年来的习惯紧急刹车，放下手中的农活，甚至离家易址。再加上一口山西口音普通话的周道等均为外省人，当地农民的误解与不配合使建校工作陷入了停滞。买地、搬家、赔偿成了当时的首要任务。经过多方的努力，当这一连串事情安排妥当之后，一个多月就已经过去了。

至此，1956年6月，一场轰轰烈烈，被称为"草棚运动"的建校活动正式开始了。这场运动的建设速度，不仅是中国地质教育史上的奇迹，也被我国其他行业院校称为"史无前例"。

红砖墙的苏式建筑，碧水潭的泱泱砚湖①

　　现在成都理工大学位于成华区二仙桥东三路1号的老校区，有几处景观标志性地存在着，红砖斜瓦的苏式建筑，碧水泱泱的砚湖，掩映在葳蕤的梧桐林里，述说着六十余年的过往。

开学

　　苏式建筑和砚湖的历史几乎和成都理工大学的历史一样长。

　　当时的学校就建在荒地上。一穷二白，几乎是1956年建设者无一例外的回忆。

　　当年5月初，一场轰轰烈烈的"草棚运动"在东郊展开。出于对经费、开学时间和校址可能变动种种因素的考虑，除了学生宿舍和教职工宿舍为砖瓦房之外，教职工的办公室都是草房。学校不通水，就先搭建一个大水箱，同时抓紧修水塔。原基建科副科长徐国权回忆，五几年成都天还冷，冬天会结冰，水塔上结了长长的冰柱，每次用水首先要解冻，"怪费劲的"。

　　由于建校时间紧迫，两栋教学楼（如今的一教、二教）的设计图纸直接来自北京地质学院；大礼堂的图纸借用的是成都一个大厂房

---

① 参考文献：成都地质学院三十年史稿编委会：《成都地质学院三十年史稿》，1986年。

▲ 1956年学校第一期建设工程破土动工　成都理工大学档案馆提供

的图纸；理化楼用的是设计公司以前的图纸。当时，四川省指定新组建的四川省建筑设计院负责工程设计，四川省建筑二公司承担施工任务。1956年3月27日委托设计，5月底就将学院总体规划及单体施工图纸报地质部审批。

1956年6月，成都地质勘探学院正式破土动工。要先解决基本生活，吃住肯定是头等大事。于是一宿舍、二宿舍、三宿舍、四宿舍以及食堂、浴室、礼堂在大家共同的努力下挺立在了学院的土地上。

而同一时间，东风渠也正在挖建，为了营造一个良好的学习氛围，建校者决定以渠为界，将学习工作区与生活区分开。于是九幢家属楼在渠对岸拔地而起。为了照顾带有孩子的教职工，学院在家属区增建了幼儿园（现菜市）和小学。

时间眨眼而逝，9月，学生生活基础建筑完工。学校立即投入第一届招生工作中。这一年秋天，成都地质勘探学院迎来了建校后招生的第一个高潮——总共招收学生1500人。而当时，整个地质勘探学院只有三个系：地质测量与找矿系、水文地质与工程地质系、石油与天然气地质及勘探系。

1956年10月10日，成都地质勘探学院就正式开课了。

当时的教师干部队伍实力非常雄厚。教师队伍以重庆大学地质系全体成员为主，还有北京地质学院、长春地质学院、铁路、部队等十几个单位调来的教师。在这批教师中，不仅有大批奋发向上、积极进取的青年教师，还有一批为"开发矿业"做过贡献的老教授和骨干：院长李承三是著名的构造地质学和冰川地貌学大师；被誉为"攀钢之父"的常隆庆发现了世界著名的攀枝花钒钛磁铁矿和宝鼎煤矿；被称为"包钢之父"的丁道衡发现了内蒙古的包头铁矿，我国的新稀土矿物命名为"丁道衡矿"；师承李四光先生的刘祖彝，是我国"宁乡式铁矿"发现者……他们是地质工作的先驱，为地质教育事业贡献了毕生的精力。

1956年10月15日，成都地质勘探学院举行了开学典礼。这一天，每个人脸上都洋溢着幸福和骄傲。时任四川省副省长的康乃尔、四川大学校长彭迪先出席了开学典礼。高等教育部、地质部和重庆大学、成都电讯工程学院等兄弟院校发来贺电、贺信。李四光部长在贺电中热烈祝贺学院开学，并指明了办学方向。据原生产设备处书记丁克坚回忆，在首届开学典礼上，四川省副省长康乃尔在致辞中说："一进校门，到处是棍棍棒棒、坑坑凼凼。"这就是当时建校场景的真实写照。

开学伊始，学校办事机构从市内暑袜中街裕泰恒旅馆迁至十里店新校址办公，学校开始了全面建校，成立了党委会，由路拓任书记，周道、韩代望为副书记。其他成员还有陈籍思、杜先锋、权玉明、丰源等。

上课

在这里，理工大学的建设和发展也侧面映照了二仙桥的变更，更有自身独特的大学精神。由于建校的时间短，百业待兴，工作千头万绪。整个二仙桥在那时都是一块正在开垦的热土，理工大学的师生上课开始后遇到的种种困难，也是那时拓荒者们遇到的困难。

周道回忆，由于建校时为了首先保障学生的基本生活，10月开校之时，教学楼尚未竣工，于是教室成了一件令人头痛的事。草棚，食堂，浴室，礼堂，一切可以动用的硬件设施全部动用起来，在这种恶劣的学习环境下，教师学生挺到了1957年第一、第二教学楼竣工并投入使用。

成都理工大学老教授彭大均说，20世纪50年代，二仙桥一带还是农村时，曾开有十几个砖厂，专烧红砖。于是，最初的教学楼便就地取材建成了红砖房。而当时，中苏的外交深深影响了国内的建筑特色，教学楼便设计成了典型的斜顶对称的苏式小楼。[1]

典型的苏式建筑的特点是：左右对称，中间高两边低，主楼高

---

① 王垚：《一群楼宇的"腹有诗书气自华"》，《天府早报》，2012年5月28日。

▲ 苏式建筑　唐铭　摄

脊，两边宽缓。一块块红砖安静地堆叠在一起，深红色的纹理透出浓浓的历史厚重感。

后来，陆陆续续地，教学建筑在校区建设起来。现在看来，这些坐落于桐荫路两侧的建筑在苏式风格的基础上加入了中国古建筑元素。楼群共有八栋，分别是核工楼、测试楼、综合楼、理化楼、教学一楼、教学二楼、办公楼以及工程实验楼。

后来要建地勘楼，要拉水泥钢筋，原料都在材料加工厂（现在的磨子桥附近）。放到现在直接卡车运来就得了，但当时没那条件，结果全校职工一起出动，走二十几里的路，硬是人工把材料从那儿一车一车拉回十里店。"那劲头别提多高了。"这在后来基建科副科长徐国权的印象中，是抹不去的回忆。

即使如此，在最初的日子里，上课依然是一件艰苦却快乐的事。

教师们几个人挤在一间屋子里聚精会神地备课；学生们在浴室、厨房改成的教室内聆听老师讲课，在草棚简易教室里潜心自学，在洗脸间改成的化学实验室里一丝不苟地做着各种实验；职工在草棚子里坚守工作岗位，忘我工作。在教职工宿舍尚未建成时，不少教师、职工住在离校较远的市区，为了教学和工作，每日在交通不便的情况下来回奔波；在院内的教职工暂住学生宿舍。

成都理工大学教授仁天培回忆，那时学校里也没有硬化路，全是早期的土路，十里店一带土质特别黏，一旦下雨，无论是去食堂吃饭，还是去上课，都是一种挑战。鞋底集的泥，使人寸步难行，抖鞋底要轻轻地，一旦力气大一点，泥可能就会上脸。在这样的路上行走，摔跤是很正常的事情，老师为了赶课，穿着摔脏的衣服到教室的事情也屡见不鲜。

师生如此，领导也同样，周道说起当时为了打上两壶开水都需要"跋山涉水"一番："将水壶塞在书包里，慢慢而行。因为当时学校内没有正规的道路，全是泥泞小道，一个不小心，便会摔得人仰马翻。"另外，当时成都地质勘探学院地处偏僻的市郊，没有与市区连接的公共交通。每次开会，他们都靠双脚往返于几十里地。直到1957年，学院购入了一部小卧车，这种情况才得以缓解。

《成都地质学院三十年史稿》里也说："由于学院当时简陋的物质条件，造成师生上课、吃饭、睡觉、自修均感困难。但广大学生热爱学院、热爱地质事业，刻苦学习，教职工恪尽职守。特别是中老年教师极其严肃的治学态度和负责精神给同学们以极大教育。他们对学生要求严格，其治学方法潜移默化于学生中，尊师爱生蔚然成风。"

劳动

那时，师生员工在紧张的教学、工作、学习之余，还抽出一定时间参加学院基本建设、绿化校园的义务劳动，他们修桥补路，还挖出了现在的砚湖。

陈籍思说，当时进行规划时提出了两个方案，一是填了学校的蓄水塘，修建教学楼；二是保留相连的三个蓄水塘合并成现在的砚湖，环绕砚湖建设教学中心，在教学中心的东部建立家属区，西部建立教学区。5月初，陈籍思把这两个方案带到了北京。地质部对第二个方案相当满意，因为可以避免填了三个蓄水塘后给学校周围环境带来巨大变化，随后就批了下来。

当时建校的时候，砚湖是由三个小池塘连起来的，后来把第三个

▲ 师生共建美丽砚湖　成都理工大学档案馆供图

填起来，就是现在的慧园。砚湖中心的小岛，是后来老师们亲手把砚湖给挖宽挖深后，用那些挖出来的土堆起来的。现在，每天都有学生在砚湖边晨读，学生们戏称湖里的鱼都能过英语四级。

学校为了砚湖的修建，成立了一个"挖塘指挥部"。于是，分任务、插旗子画线，明确了哪个系负责哪个地方，并且要求1957级至1960级学生都要参加。没有工具，师生拿洗脸盆当铲子连挖了三天。于是，就有男老师穿着大短裤拿着自家的脸盆，下池塘一盆盆挖泥的一幕。大家用双手抠出散发着恶臭气味的污泥，一盆盆端到今天的砚湖南北两岸，由于池塘里养着鱼，捞起的鱼就卖给了食堂。

被填了的池塘之上，广栽树木（今慧园位置）。其中一部分挖出来的淤土堆出了今天的"湖心岛"。一年又一年，偌大的堰塘在师生们手中变成了砚湖。但对于原峨眉山实习基地主任冯陵来说，亲历过这个过程的他，觉得里面除了浪漫，还有艰辛："规定的三天，我分的任务，插旗子画线，哪个系负责哪个地方，都是安排得清清楚楚的。当时条件艰苦啊，一个个都卷着裤腿，比赛进度。"

为响应党中央"深挖洞，广积粮"的号召，师生们每周都搞义务劳动，帮助工人们大挖防空洞，从理化楼一直连通至食堂，足足花了两年的时间。艰苦的时候，这防空洞也当教室用过，食堂、澡堂也有过类似的用途。这些防空洞在如今理工大学的校园里也能看到。现在综合实验大楼下面有十六个，整整围了一圈，还设置了几个通风口。在挖完防空洞之后，剩了不少建筑材料。当时的党委书记赵铎一拍板："不如将这些剩下的石条给那三池塘（当时还未起名叫砚湖）围个边吧！"

少有人知道的是，理工大学还曾在那个年代成了半个"农业大

▲ 今日砚湖　廖志钧　摄

学"。从1960年下半年以来，师生员工在院内外共种了三百四十亩地的蔬菜，发展养猪、养鱼生产，使师生的伙食得到一定改善。

　　原来，三年"困难时期"，物资逐渐变得紧张起来，学校生活也愈加困难。这一时期，学生人均一个月三十一斤米，干部才十九斤，肉则是一个月半斤，还得凭票购买。曾任学院农场场长、食堂主任的张嘉恕说，正因为这样，许多老师都得了水肿病："我自己也得过，特别有感触。"后来，甚至到了无物资可购的地步，幸好他联系到了家住广汉的张海波，利用其在农村的关系，和当地生产队私下协商，半夜三更去购运，路经城区时还不能开灯，唯恐被关卡发现，"如同搞地下工作"。

　　为渡过难关，学校自己办了农场种菜，粪肥紧缺，学校就办了养猪场，同时还在校内广挖鱼塘，多栽果树。学校师生也相当理解和支持食堂的工作，帮忙打扫、洗菜、切菜，食堂与师生之间形成了一种相当融洽的关系。

这些故事都过去了半个多世纪，如今的理工大学，校园内茂林修竹、芳岛琼亭、曲桥幽径、秀水长廊，建筑现代，功能完备，鸟语花香。

而开拓者们并没有被遗忘，他们奋斗的一切，以各种方式影响着今人。

2012年，成都市房管局公布"北改"区域内初步筛选出的二十七处具有保护价值的历史建筑，其中就有理工大学的核工楼、测试楼、综合楼、理化楼、教学二楼等八栋。[①]

2019年，核工楼、理化楼、综合楼，三处教学楼又入选成都历史建筑保护名录。

---

① 王垚：《一群楼宇的"腹有诗书气自华"》，《天府早报》2012年5月28日。

桃李不言，树人百年

　　寒来暑往，朝乾夕惕，一代又一代成都理工大学人用青春和热血浇灌着共同的事业。

　　1956年，成都理工大学的奠基者们在党和国家的号召下，千里迢迢从东南西北来到成都东郊十里店开创最初的基业。他们中，有八位教授、八位副教授、三十位讲师和大批助教，从当时的重庆大学、西北大学、南京大学、北京地质学院、长春地质学院等单位汇集而来。其中，八大教授凭借自身卓越的才华为我国地质事业和经济社会的发展做出了不可磨灭的贡献，为国家和学校的教育事业鞠躬尽瘁、奉献毕生力量。

　　继最初的先辈之后，以罗蛰潭、张倬元、曾允孚、金景福、刘宝珺等"五大金刚"为代表的新一代力量历经风雨成长起来。他们从先辈们手中接过为国家、为学校发展做贡献的接力棒，继续推动科学事业的进步，造福于民，造福成都理工大学，培育英才。

　　是他们的薪火相传和前赴后继，绘就了成都理工大学今日的美好画卷；是他们的辛勤工作和无私奉献，铸就了成都理工大学今日的辉煌；是他们的不甘人后和敢为人先，积淀了成都理工大学的精神风骨，在成华人文史上留下浓重的一笔。

创校元勋八大教授①

李承三

李承三，字继五，生于1899年，河北省涉县人，是我国著名的地质学家、地理学家和地质教育家，石油地质专业的创始人，我国西部第四纪冰川研究的先驱，也是最早提出青藏高原隆升对我国和世界气候的影响的学者。1940—1941年，李承三教授领导嘉陵江流域地理考察，主持绘制了我国第一幅河流地貌图；1959年，与常隆庆教授共同主持编

李承三

制了四川第一幅1：100万大地构造图，为四川大地构造学研究奠定了基础；发现了西康莱子沟铁矿、松潘樟腊冰川式金砂矿等矿床。他一生共出版专著、教材、论文六十多篇（部），他的许多论著至今仍是经典之作。

1928年，李承三毕业于河南大学，获理学学士学位。1931年8月至1936年赴德国柏林大学地质系，师从著名构造地质学家施蒂勒（Wilhelm Hans Stille）。李承三教授研究构造地质学，并获哲学博士学位。历任前中央大学（现南京大学）、重庆大学、中山大学、原成都地质勘探学院（现成都理工大学）教授，重庆大学地质系主任，原成都地质勘探学院教务长，前中央地质调查所特约研究员，前中央地理研究所研究员、自然地理组主任、代所长，中国地质学会理事、会员和地

① 本部分由成都理工大学档案馆相关资料综合而成。

质论评编辑,重庆市政协委员,四川省政协常委,成都市人大代表。

作为一名教育家,李承三教授始终潜心于地质教育事业和教育管理事业,他亲临教学第一线,培养了大批高级专业人才,不少弟子已成为我国知名学者、教授、院士、总工程师或高级干部。在重庆大学地质系担任主任期间,他以远见卓识创办了我国第一个石油地质专业,开中国石油地质教育之先河。在担任成都地质勘探学院教务长期间,他为学校的学科专业建设、教育教学管理体系的建立和人才培养质量的提高,做出了不可磨灭的贡献。

常隆庆

常隆庆,字兆宁,生于1904年,四川省江安县人,是我国著名地质学家和地质教育家。曾获得国民政府"干城"奖章,发表了著名的《雷马峨屏调查记》《宁属七县地质矿产》等数百万字的学术论文、专著和教材,主编了我国第一部《中国地质学》中专教材,在古生物学、大地构造、中国地质和四川矿产地质等领域做了大量开创性的研究工

常隆庆

作。他发现了世界著名的攀枝花钒钛磁铁矿和宝鼎煤矿,被誉为"攀钢之父"。

1930年,常隆庆毕业于北京大学地质系,随即任中央地质调查所调查员,1932年任中国西部科学院地质研究所主任,1939年任国民革命军事委员会西昌行辕地质专员,1943年任会理益门酒精厂厂长,1946年任四川地质调查所所长,1950年任西南地质调查所副所长、兼

重庆大学教授，1952年任西南地质局工程师、重庆地质学校教务主任，1956年任成都地质勘探学院教授、古生物教研室主任。曾任中国地质学会第三十二届常务理事、中国古生物学会理事。

常隆庆教授从事地质研究工作四十多年，从1934年起就到荒无人烟的攀西地区进行地质矿产调查工作，写下了著名的《雷马峨屏调查记》。1936年，为调查导致金沙江断流的会理大地震原因，他与助手殷学忠先生从会理出发，沿金沙江而上徒步考察到攀枝花，在此次地质考察中，他先后发现了世界著名的攀枝花钒钛磁铁矿和宝鼎煤矿，由此，同年他获得"干城"奖章。

1937年他发表了著名的《宁属七县地质矿产》，这是迄今最早记载攀枝花磁铁矿发现和地质调查的资料。常隆庆教授的这一重大发现，使得被称为蛮荒之地的攀枝花后来成了世界著名的"钒钛之都"和中国重要的钢铁基地。

从20世纪50年代起，常隆庆教授一直潜心于地质教育事业，讲授《古生物学》《地史学》《中国地质》《中国区域大地构造学》等多门专业主干课程，并担任研究生指导教师。他治学严谨，教书育人，热心培养和帮助青年教师成长，他的许多学生后来都成为重要学术带头人、专家、技术骨干和高级领导干部。

李唐泌

李唐泌，字邺臣，生于1909年，山西省徐沟县（属今清徐县）人，我国著名地质学家和地质教育家，曾获"优秀地质工作者"称号。他长期从事地质矿产研究工作，在金属矿床学研究方面有颇深的造诣，为《国外地质》的创立和发展做出了特殊的贡献。他编写的《矿床学》教材，在相当长的时期内一直是国内地质院校的基本教材。

李唐泌

1934年，李唐泌毕业于清华大学，获理学学士学位，1935年至1937年赴美国耶鲁大学研究生院学习，获矿床学硕士学位。1937年至1940年，在美国杜克大学地质系任研究助理，1940年底回国。

回国后，他历任交通大学唐山工学院（西南交通大学前身）矿冶系副教授、教授，重庆大学教授、地质系主任，成都地质勘探学院（现成都理工大学）教授、建校委员会委员、地勘系（现成都理工大学地球科学学院）主任、成都地质学院副教务长等。

李唐泌教授曾作为地质教育界代表和优秀地质工作者出席了1956年全国先进生产（工作）者代表大会和1958年全国第一届矿产会议，受到毛泽东、周恩来、邓小平等中共中央政治局委员的亲切接见。

李唐泌教授毕生从事地质教育事业，学识渊博，教学严谨，编写了地质院校的基本教材《矿床学》。他几十年如一日，不为名不为利、兢兢业业、埋头苦干，桃李满天下。为培养本科生、研究生和中青年教师，为培养我国高级地质科技人才和成都理工大学的建设与发展呕心沥血，做出了重大贡献。

吴燕生

吴燕生，生于1905年，江苏省金坛县人，我国早期著名的第四纪

吴燕生

冰川研究和找矿勘探专家。他发表过多部篇我国早期第四纪冰川研究的重要论著；完成我国多个最早的地下水调查研究报告，为四川的资源开发做出了重要贡献。

1932年，吴燕生毕业于北京大学地质系，获理学学士；同年，在中央大学地质系任助教；随后两年，在中央研究院地质所及行政院基委会任调查员、助理员、副研究员。

1941年，他担任国家资源委员会平桂矿务局探勘队地质组长兼队长；1942年担任经济部采金局探勘队桂西队工程师兼队长；第二年，他又回到大学，除1945年任资源委员会矿测处工程师、地质课长外，他前后在广西大学、桂林师范学院、交通大学、四川大学、重庆大学地质系任教授；1956年，他响应国家号召，到成都任成都地质勘探学院教授。

吴燕生从20世纪40年初开始对我国第四纪冰川进行开拓性工作，并取得了许多重要的研究成果，他发表的《鄂西北第四纪冰川现象研究》（1940）、《冰碛矿层之研究》（1945）、《冰期的南中国》（1947）、《华南第四纪冰川现象及砂金矿之研究》（1948）、《龙泉山第四纪冰川及其与石油矿之关系》（1951）等均是我国早期第四纪冰川研究的重要论著。

他在地下水研究方面做过大量开拓性的研究工作，取得许多重要成果。他所完成的《江西南昌地下水研究报告》（1934）、《河南林县、浚县、安阳等县地下水研究报告》（1935）是我国最早关于地下水调查研究的报告。此外，他在找矿勘探和四川盆地石油地质调查方面均做过大量工作，为四川的资源开发做出了重要贡献。

吴燕生教授从1943年起，几十年如一日从事地质教育事业，致力于我国地质高级人才的培养和地质教育事业的发展。1956年调入成都地质勘探学院后，在找矿勘探教研室任教授、教研室主任等，为成都理工大学的人才培养、学科建设和科学研究发展贡献了毕生的精力。

李之常

李之常，生于1900年，湖北省沔阳县人，我国早期著名的地质古生物、微体古生物及地史学研究专家。他是我国古生物学教学研究的先驱，编写的讲义教材得到了同行的高度评价，发表的《巴拿马海湾中的中新世与现代软体动物》论文受到了国际同行专家的广泛关注，为确定我国许多重要的生物地层单位做出了重要贡献。

李之常

1922年，李之常毕业于北京大学地质系，获学士学位；1923年7月赴美国哥伦比亚大学研究院地质系学习地质学、古生物学，其间还在美国芝加哥大学、纽约自然博物馆学习，获哥伦比亚大学硕士学位。

1925年回国后，李之常先后任东南大学、中山大学教授；1941年任经济部工矿调整处地质专门委员；1947年任武昌省立高商英文教员；1948年任湖北农学院普通地质学教师；1949年任私立育杰中学英文教员兼教务主任；1950年任重庆大学地质系教授；1957年任成都地质勘探学院地史古生物教研室教授、代理主任。

在长期的古生物教学中，李之常注重理论联系实际，他编写的《普通古生物学》《脊椎古动物学》《岩石学》等讲义教材，既吸收国外先进的研究成果，又十分注意采纳我国的最新研究成果，在实际教学中得到了同行的高度评价。

在承担繁重的教学工作之余，李之常还为许多科研单位和生产单位承担了大量化石鉴定工作，为我国许多重要的生物地层单位的建立做出了重要贡献。在美国哥伦比亚大学学习期间，李之常通过对巴拿马海湾化石的系统研究，发现了该区中新统与上覆地层存在的不整界线代表了与欧洲阿尔卑斯运动相似的造山运动，这一论点是当时美洲地质研究中的一个重大发现，他发表的《巴拿马海湾中的中新世与现代软体动物》论文，受到了国际同行专家的广泛关注。

周晓和

周晓和，原名周光煦，生于1892年，四川省成都市人，青年时期曾参与创办了《星期日》周刊，与李大钊、邓中夏、恽代英等革命先驱有较深的交往。曾著、译文发表于《地质论评》《古生物学报》及《古生物译报》，对我国早期的地层古生物研究颇有建树，并著有大量地质学讲义和古生物学讲义。

周晓和

1918年，周晓和毕业于成都高等师范学校英语系。

1919年，他加入少年中国学会，在成都创立分会，并创办了《星期日》周刊，发动学生运动响应北京的五四运动和新文化运动。因少年中国学会的关系曾与李大钊、邓中夏等多有来往，在泸县川南师范任英文教员时与恽代英朝夕相处，深受感召。他曾在《少年中国》《少年世界》《东方杂志》上以周光煦之名发表进步文章。

1920年，周晓和赴法国，进入蒙伯里野（又译蒙彼利埃）大学地质系学习，1923—1925年进入巴黎大学、里昂大学地质高等研究科学习，并获得毕业证书。1926年回国，任四川省立第二女子师范学校英文教员及原成都大学教务长；1927年任成都师范大学教务长兼成都大学讲师，1928年任成都大学图书馆主任兼成都师范大学英文教授；1929—1931年除了继续在以上学校任教外，还同时在华西大学、石室中学兼授法文、英文课；1932—1941年任四川大学副教授。

1937年，周晓和作为川大的代表参加了康藏地质考古旅行团；1941—1949年在西康经济研究所任研究员，兼四川大学教授、川康农工学院教授讲授地质学，并兼任光华大学英文教授；1950—1951年任四川大学地质系教授；1952—1956年任重庆大学地质系教授；1957年以后任成都地质勘探学院地质系古生物教研室教授。

周晓和教授青年时代即受到新思想的影响和革命先驱的精神感召，积极投身五四运动和新文化运动。从1918年起开始从事英文教学，几十年来在众多的大学和中学任教，在长期的教学中，发明了自己独特的英文教学法——渗透法，并担任过地质学、古生物学及法语的教学工作。他从事教育工作近五十年，为我国的外语和地层古生物教育事业贡献了毕生精力。

刘祖彝

刘祖彝，1900年7月出生于湖南省宁乡县（今宁乡市），师承翁文灏和李四光先生，是我国最早从事地质调查和金矿找矿的专家之一，著有《中国金矿概论》《西南区金矿》《怎样找金矿》《1：100万四川及贵州两省金矿地质图》等重要专著、论文和报告，是我国"宁乡式铁矿"的发现人

刘祖彝

之一。曾参与筹建重庆大学地质系，建立了西南地区第一个地学教育机构，为地质科研和教育事业做出了重要贡献。

1921年，刘祖彝进入北京大学地质系学习，是翁文灏和李四光的学生，1926年毕业后即投身于我国的地质科学研究和地质教育工作，1956年调入成都地质勘探学院，任普地教研室教授。

刘祖彝教授一生从事地质科学研究和地质教育工作，为祖国的地质事业和地质教育事业做出了很大的贡献。他在担任重庆市狮子滩水电站工程勘探和中梁山煤矿地质勘探技术负责人期间，由于成绩突出，受到了上级主管部门的嘉奖。

作为我国最早从事金矿地质勘探工作的专家，刘祖彝教授足迹遍布湖南、四川、陕西、甘肃和整个西南地区，发现了"宁乡式铁矿"。

刘祖彝教授也是我国西南地区地质教育的奠基人之一。继1932年翁文灏派遣常隆庆教授主持四川第一个地质机构后，1934年刘祖彝教授受李四光先生委派，到重庆大学筹建重庆大学地质系，建立了西南地区第一个地学教育机构。他热爱地质教育事业，对教学一丝不

苟，被学生和同事视为良师益友。他还善于将自己的研究成果纳入教学中，先后编写了《普通地质学》《岩石学》《煤田地质学》讲义。他注意培养学生的实践动手能力，身体力行，认真带好每一次教学实习，他的教学方法和治学态度博得了历届学生的高度赞誉。

张言森

张言森，生于1896年，福建省福州市人，是我国早期铁路工程和水利工程测量专家。

1920年，张言森毕业于上海同济大学土木科，其后，他在多个铁路公司担任工程师，并在高校任教。1956年，他从重庆大学地质系测量教研组以教授身份调往成都地质勘探学院，担任测量教研室教授。

张言森

张言森在铁路和水利建设的工程设计、测量和施工技术监理方面，具有较高的学术水平和丰富的实践经验。他先后参与黑龙江、云南等地早期多条铁路的设计、勘测和工程技术监理；在天津的中国第一水工试验所参与水力坝址模型及黄河模型试验等工作；并参与主持昆明黑林铺与大板桥地质地形图的测制工作。他为我国的铁路工程和水利工程设计、勘测和工程管理做出了积极贡献，直到晚年，他还十分关心长江三峡电站的建设工作，先后多次就三峡电站修建的技术问题向有关方面提出建议。

自1936年起，张言森教授一直从事教育工作，他热爱教育事业，热爱学生，治学严谨，他把自己的知识和经验毫无保留地传授给学生，培养了大量专业技术人才。他先后讲授过平面测量、铁路工程、道路学与隧道学、水力学、土木工程、应用力学、材料力学等课程。他把毕生的精力献给了党和国家的教育事业，直到生命的最后一刻。张言森教授一生生活俭朴，出于对国家、教育事业、学生和学校的热爱，1986年他在去世前立下遗嘱，将自己一生省吃俭用积攒下来的一万四千元人民币捐赠给学校，设立了"工程地质奖学金"，以鼓励品学兼优的学生，充分体现了张言森教授对学校教育事业和学生的热爱之情。

开疆拓土"五大金刚"

罗蛰潭：石油领域绽放的生命火花

罗蛰潭（1919–2009），四川乐山人，曾任成都地质学院副院长。长期从事油气采收率及储层地质研究，提出了注水开发的思路，提高了油田产量和采收率；研究提出了火烧油层以提高地层温度降低稠油黏度强化开采的思路，开创了我国稠油火驱强化开采之路；开创了油层物理研究方向，开启油藏异常高压研究，提出用异常高压预测油气分布的研究思路。

罗蛰潭

1989年，成都理工大学与西南石油学院联合申请"油气藏地质及开发工程"国家重点实验室，在罗蛰潭及其同事的艰苦努力下，成都理工大学最终成为当时拥有国家重点实验室的少数部属高校之一。成都理工大学石油工程重点学科的发展，当年也得到了罗蛰潭教授的大力支持。

20世纪60年代，成都地质勘探学院成立不久，罗蛰潭响应国家的号召，来到这里任教。

那是一个阳光灿烂的日子，罗蛰潭初到成都，一大家人一下火车，学校派的五辆小车就在火车站前排开迎接。至今，他的女儿罗润田对此记忆犹新。

在此之前，罗蛰潭已经历任重庆大学副教授、采矿系主任，北京石油学院副教授、探矿系副主任，他的到来，给这个崭新的学校学科专业性、管理科学性注入了一剂强心针，在后人的尊敬和纪念之中，他被列为"五大金刚"之一。

罗蛰潭一生充满传奇。少有人知道的是，他的父亲是自贡著名盐商"新四大家族"——"侯、熊、罗、罗"中的罗筱元。在自贡的史料里，罗筱元被称为"盐场诸葛"。

不得不说，罗蛰潭早年所受的优质教育，包括前往美国科罗拉多矿业学院、俄克拉荷马大学石油学院留学，与家族的眼光和深厚的基础不无关系。1942年，他毕业于当时中国的最高学府——中央大学地质系。

几十年后，罗蛰潭的女儿罗润田说起父亲时，随时都有父亲的口头禅："我起码要储存比学生高六倍的知识。""做最好的自己。""至少要是个教书匠。"

罗蛰潭严格要求自己。据罗蛰潭的挚友冯文光（成都理工大学能源学院教授，主要研究油气田开发工程）回忆，有一次罗蛰潭在西北大学讲座，台上他讲演得绘声绘色，各种学术性的知识信手拈来，台下掌声一阵又一阵。甚至很多人还把讲座的内容录了下来，回去后反反复复地听。在他的教学生涯中，类似的情景不计其数。罗蛰潭还自己琢磨出了一些讲课小技巧，比如擅用高低音，将情感注入他讲授的内容中。那时没有PPT，但罗蛰潭板书工整，赏心悦目。以清晰的板书传递清晰的教学思路，是他对自己的基础要求。

在父辈的言传身教下，罗蛰潭的子孙耳濡目染，都陆续走上了教师岗位，继续追逐着罗蛰潭的梦想，为祖国培育更多的人才。就拿他的女儿罗润田教授来说，育人三十余年，她在成都理工大学外国语学院的学生中间有一个昵称——"罗奶奶"。

成都理工大学乃至中国地质史上许多辉煌的成绩，都不得不提到罗蛰潭。

1989年，成都理工大学与西南石油学院联合申请"油气藏地质及开发工程"国家重点实验室。据原西南石油学院院长张绍槐教授回忆，当年在成都开会时他与成都地质学院领导罗蛰潭、张倬元，都不约而同地想到"不能老是当老三"，通过两校调查研究，又到教育部、国务院学位委员会了解情况，得知全国重点高校已经和正在申请办理国家重点实验室，还了解了大致的标准。"与成都地质学院多次共同磋商后，认为'石油是我们的优势，两校的强项是地质与钻井开发'，之后两校决定联合申报'油气藏地质及开发工程'国家重点实验室。"①

---

① 向发全：《发扬三项工程精神 加速一流学科建设》，西南石油大学新闻网，2018年9月29日。

　　"作为第一批国家重点实验室，创办起来非常不易，当时的考察都十分严格、仔细，而且需要去北京各个相关部门进行答辩。罗教授和他的同事们在这个漫长而艰难的过程中，共同努力，成都理工大学最终成为当时拥有国家重点实验室的少数部属高校之一。"冯文光的回忆闸门打开。而在这个过程中，在国家重点实验室申报的关键时刻，罗蛰潭教授等星夜驱车赴南充途中不幸遭遇车祸，他和同事强忍着巨大的伤痛坚持工作直到申报书完成，为学校和西南石油学院争得"油气藏地质及开发工程"国家重点实验室出了大力。[①]

　　如今，这个国家重点实验室在理工大学仍是金字招牌之一。

　　冯文光曾说："罗教授有他独特的研究方法，就是既办地质又办开发，到目前为止，这种研究方法还是全国唯一的。"

　　罗蛰潭涉足该领域早，他留美期间，得知美国刚启动开采石油的项目，原修地质的他，便转向石油工程，将其最新技术带回国内。成都理工大学以罗蛰潭、彭大钧教授等为代表的几代人，足迹遍及我国大庆、胜利、塔河等油气田，解决了很多油气田勘探开发问题。20世纪60年代，为解决大庆油田的稳产高产问题，他们提出了注水开发的思路，在提高油田产量的同时也提高了采收率；70年代初，针对克拉玛依油田稠油开发难度大、采收率低的问题，罗蛰潭研究提出了火烧油层以提高地层温度降低稠油黏度强化开采的思路，开创了我国稠油火驱强化开采之路；70年代末，探索从微观研究油层的物理性质，开创了油层物理研究方向，开始油藏异常高压研究，提出了用异常高压

---

① 渝岩：《成都理工大学学子不得不知道的历史》，豆瓣网，2010年10月12日。

预测油气分布的研究思路。

在他耄耋之年，他依旧如年轻时一样，带着学生去勘探，《勘探队员之歌》的歌声依旧嘹亮，生活之简陋，环境之恶劣，压力之巨大，也只有他自己知道。当远方的家中传来父亲病危的噩耗时，他还在油田，带领着研究生攻克一个又一个难关。

对国家的大爱贯穿了他的一生。

张倬元：踏遍青山人未老[①]

张倬元，生于1926年，河北乐亭人，曾任成都地质学院院长，著名工程地质学家。他在斜坡岩体变形破坏模式、稳定性评价及崩塌、滑坡等地质灾害的形成机制、运动特性、危险性评价、失稳时空预报、全过程物理及数值模拟、综合防治等方面有很深的学术造诣，倡导系统工程地质分析和全过程动态演化研究，提出了"地质过程机制分析与定量评价"学术思想体系和斜坡稳定性系统工程地质研究的理论方法体系。

张倬元

20世纪80年代，他带头申报了"石油地质"和"工程地质"两个国家重点学科，1988年退休后仍然一如既往地关心地质灾害防治与地质环境保护国家重点实验室建设发展。曾获"李四光地质科学奖"。

2018年，笔者随成都理工大学校领导前往探望前院长张倬元老先

---

① 参考文献：成都理工大学环境与土木工程学院：《人地谐和——张倬元教授八十华诞贺文集》，地质出版社，2006年。

生时，九十二岁高龄的他拄着拐杖，颤颤巍巍地从卧室走出，第一句话就是和现任校领导讨论"双一流"学科——地球科学学科群的发展问题。关切之情溢于言表，地质学已经烙进了他的生命。

1946年，张倬元考入清华大学，一年以后，地质学的魅力彻底将他吸引，他在地质系明确了一生的方向。1954年，张倬元被分配到北京地质学院当助教。1955年初，他开始在长春地质学院苏联专家主持的工程地质研究生进修教师班学习，补齐数理力学的短板。1957年之后，他被调到成都地质勘探学院任教。从此，与成都理工大学结缘。

在张倬元的教学理念里，地质学是一个实践性极强的专业。1951年西藏和平解放，清华大学组织了五十七人的进藏综合科考队，这是中国科学家在西藏的第一次科学考察。张倬元作为应届毕业生，成为科考队的一员。科考队一行在简陋的考察条件下，耗时十八个月，行走一万多公里的科考总里程，确定了青藏高原的四个地层系统，发现了大量的资源与化石，建立了全新的区域地层柱状图……整个科教队甚至国际地质界都很振奋。

后来，来到成都理工大学当老师，他把这种事必躬亲的方法也带了过来，和学生一起去野外也成了他的乐趣之一。

1986年，张倬元花了半个月时间在三峡库区调查崩塌、滑坡、泥石流，每山必爬、逢沟必进。2002年在广西百色、福建龙岩，特别是在湖北省巴东县滩坪大滑坡的调查中，天下着雨，山坡泥泞十分难走，张倬元已七十六岁高龄，依然拄着拐杖同年轻人一起进行调查，并做出了令人信服的分析。

张倬元认为，野外考察、建立野外实验室，对地质工作者掌握一手资料，培养其观察、分析能力都很有必要。地质学不仅仅需要继承传统，更需要通过实践、观察与思考，推陈出新。

他从20世纪50年代初西藏地质考察起步，几十年来踏遍了祖国西北、西南的山山岭岭、沟谷平原；经历了一个又一个重大工程建设中的工程地质问题的论证。在黄河龙羊峡，他和他的队伍首次建立了大型水电工程区域构造稳定性研究的理论框架；在黄河拉西瓦，他和他的队伍开创了岩石边坡稳定性系统评价的理论方法体系；在长江三峡、大渡河、雅砻江、岷江和金沙江等一大批大型水电工程建设中，他和他的队伍为国家解决了一个又一个的工程地质难题，获多项达国际先进或领先水平的学术成果，为我国水电工程建设和西部大开发做出了杰出贡献。

20世纪80年代，成都理工大学制定了要让"石油地质"和"工程地质"两个学科评上重点学科的目标。为了这个目标，大家下足了功夫。重点学科评审第二轮要由国务院学位委员会学科评议组来认定。那时张倬元胆囊出了些问题，刚做完手术。评议组体恤张倬元身体状况，成都理工大学在第一轮全国专家函评名次中也位列前茅，建议张倬元不亲身到场。但张倬元作为地质采矿石油学科评议组的成员，坚持这种事必须参与，最后是带着吊瓶，被人抬上飞机去参加会议的。

当成都理工大学的两个国家重点学科以高分通过时，他才放心地回到学校。最终争取到这两个重点学科，还抓住了一个合作机遇——与西南石油学院共建一个油气藏地质及开发工程国家重点实验室。回来后这个实验室就落实下来。后来，张倬元的后辈、原成都理工大学校长贺振华作为参与者，评价道："学科建设是全校师生以'不甘人后，敢为人先'的拼搏精神集体奋斗而来的，但作为当时学校学科建设的引路人和决策者，张先生发挥了关键的、决定性的作用。"

1988年退休后，张倬元继续申请国家重点实验室。那个年代，还没有"地质灾害"这个词来定义岩石圈的移动对人类生命财产、环境造成的破坏和损失。张倬元提出后给它起了英文名"Geohazard"，得到国际地质大会认证。后来经过申请报表、答辩、验收，"地质灾害防治与地质环境保护国家专业实验室"终于在2011年建成。

在当时，一个非211、985大学同时拥有两个国家重点实验室，这在全省乃至全国都少见。发展至今，事实也证明张倬元当年的远见与卓识。

曾允孚："沉积"人生[1]

曾允孚（1927—2013），四川省铜梁县（今重庆市铜梁区）人，1985年创建成都理工大学"沉积地质研究所"并任该所首届所长，开拓了矿床沉积学、储层沉积学、盆地分析等研究方向，主持或参加国家、部省基金项目六项。

通过大量实地考察，曾允孚编写了《岩相古地理基础及工作方法》《沉积岩石学》等教材，

曾允孚

出版了《南岭地区泥盆系层控矿床》《华南右江盆地沉积构造演化》

---

[1]　参考文献：曹笑然、樊颖颖：《曾允孚："沉积"一生》，《成都理工大学校报》，2013年6月28日。

《中国南方泥盆纪岩相古地理与成矿作用》等专著、译著；在国内外刊物发表了《中国南方的礁控矿床》《我国主要碳酸盐岩油气储集岩的特征》《滇东早寒武世含磷岩系层序地层分析》《龙门山前陆盆地的沉积及构造演化》等七十余篇论文。

在成都理工大学的优势学科之一沉积地质领域，既有刘宝珺这样的院士，也有曾允孚教授这样的奠基人。建校之初，师生就开始了沉积岩石学的教学与研究。在2013年曾允孚去世时，权威媒体报道称"由其出版的教材《沉积岩石学》至今仍是国内沉积学最通用、最具影响力的教材之一，并获国家优秀教材奖"。①

近年，笔者多次采访曾允孚培养出的学生之一，成都理工大学教授伊海生，这个被称作"藏北狼"的资深教授，说起曾允孚，印象最深的是"治学严谨"。这是那一代理工创始人的统一印象。

曾允孚1927年1月27日出生于四川铜梁，1950年毕业于重庆大学地质系并留校任教，1956年到成都地质勘探学院参加建校工作，是原地矿部重点学科学术带头人。

沉积学，一个旁人看起来枯燥无味的地质类学科，曾允孚对它却是情有独钟。一朝爱上，便为之努力奋斗，鞠躬尽瘁，一研究就是五十年。

曾允孚先生是理工沉积学学科的创建者，在筹建学科的过程中，遇到的困难数不胜数，但他认为，"只有不断克服困难，具有不屈不挠的精神才会成功"。从事沉积学专业的研究，野外考察必不可少，

---

① 王游之：《著名沉积地质学家曾允孚逝世》，《成都商报》，2013年5月27日。

而在那个年代，没有计算机，没有卫星导航系统，安全措施也没有今天这么到位。曾允孚带着学生跋山涉水，风餐露宿，他们的足迹遍布祖国大江南北。曾先生教导他的学生，要坚持实事求是的原则，凡事亲力亲为，耳听为虚眼见为实。

有的时候，他们为了一块珍贵标本的采集要爬好几座山，一天走几十里的山路那是家常便饭。采集的下一个步骤是加工，所有的人都动手。当时建成的相标志及相模式陈列室，研制成的阴极发光仪等，都属国内首创，受到中外专家的好评。

1985年，曾允孚创建了沉积地质研究所并任首任所长，开拓了矿床沉积学等研究方向。沉积地质研究所是当时整个西南沉积学的主要研究中心，影响着整个西南地区，乃至全国沉积学的发展。不仅如此，他还培养出了许多人才，出来的硕士生、博士生走进了南京大学、同济大学、浙江大学、中南大学等单位，可谓桃李遍天下。

由于沉积学一半的课程都需要走进大自然，亲身感受，实地考察，所以曾允孚经常大江南北地跑。在有些学生对专业不感兴趣的问题上，曾允孚的解决办法是："不感兴趣没关系，我就带他们在实践中培养出来。"他最喜欢的是和学生一起外出的日子，教书育人上，他用十六字概括之，"以智传人，以情系人、以德感人、以身教人"。

曾允孚见证了从黑板到幻灯片，从一本本查书到网络搜索的变迁。他给学生的建议是朴实和创新。有的学生记忆快速但容易快速忘记，学术论文则存在缺乏创新、缺乏实践的问题。他一再强调："做学问一定不能虚，别人的东西只有亲身经历才能化作自身的力量。在坚固的基础上，深入去挖掘其中的规律，实事求是才能得出系统的结论。"教学生涯里，曾允孚一直这样严谨地要求自己。这也是让伊海生印象深刻的"治学严谨"。曾允孚曾说："现在有了计算机，很多资料在网上都能查到，这固然是好的事情，但是这样也会使同学们失去动手实践能力，缺乏实事求是的精神。"他坚持："计算机只是工具，而规律和本质的总结都应实地考察，科研的过程不能浮夸，不能作假，更不能抄袭。书本和电脑上的资料是前人总结的经验结果，只能作为一种指导。"他鼓励学生去野外进行实践，并积极创新。就这样，他亲手培养出了二十个博士，二十二个硕士，分布在各地，为地质研究做出了卓越的贡献。退休后，曾允孚也时不时去沉积地质研究院，去曾经教学的学院走走，做评审、听讲座、做指导。端坐在书桌旁，他最多的动作就是拿笔记，虽然已退休十多年，读书看报记笔记的习惯一如既往。直到去世前夕，他还是保持着阅读《参考消息》和《成都晚报》的习惯，每一次阅读，必不可少的便是摘录其中好的句子，这件事一直坚持了好多年。

曾允孚说，"人最重要的就是要有好的思想"，赋闲在家的乐趣就是养生，不仅记读书笔记，他还自己写打油诗。"相濡以沫六十载，恩爱牵手千秋传"，这是他写给自己夫人的诗；"意志坚如钢铁，心胸宽若大海；老翁不倒众叹，寿长快乐堪慰"，这是他在岁月面前的乐观心境。

曾允孚不仅成就了一批批国家栋梁，自己的孩子也个个出类拔萃。家里沙发上方的博士照贴满了墙壁。他同样为自己的儿女感到欣慰。他期待地告诉学生们："希望理工的莘莘学子会越走越远，热爱我们的国家。肩负起国家使命，为实现百年目标而努力。"

相伴"沉积学"大半辈子，曾允孚将满怀的热爱都付诸让他心心念念的学科研究中。于名利前淡泊，于奉献后不懈，曾老师的科研成果就像一粒粒小砂岩，经历时代的变迁，岁月的沧桑，风化、侵蚀、堆积在一起，凝结成一股力量，推动着沉积学的发展。

金景福：铀矿"华佗"①

金景福，生于1932年，吉林省和龙县人，我国著名铀矿地质学家，对我国铀矿床成矿理论、成矿规律、成矿预测、找矿勘探方面的若干问题展开了科学研究，取得大量的创新性研究成果。曾获李四光地质科学奖。

金景福

抗美援朝时，他加入中国人民志愿军，复员回国后先后在北京大学、北京地质学院完成本科及研究生学业，1965年奉命率"三系"内迁至成都地质学院，并曾任学术委员会主任。主编了《铀矿床学》《放射性矿床学》《中国主要铀矿床类型及其时空分布》，译注《法国脉状铀矿床地质》。

成都理工大学有一个很特别的奖学金，这个奖学金只授予核类专业和放射性地质专业的研究生和本科生，叫"金景福奖学金"。2007年，这个奖学金由四川省核工业地质局捐赠十五万元设立，为缅怀我国放射性地质大师金景福教授，鼓励更多的优秀学生献身核技术和铀

---

① 参考文献：倪师军、何明友主编：《金景福——中国放射性地质大师》，四川民族出版社，2006年。

矿地质事业。①此时，距离金景福老先生去世，已过去四年。

1932年6月18日，金景福在吉林省和龙县出生，这个朝鲜族少年十六岁留学朝鲜，在金日成大学学习地质，与放射性地质事业结下不解之缘；抗美援朝时曾加入中国人民志愿军，后来成为北京地质学院"三系"开创者之一，为我国原子弹研制培养了一批批铀矿资源探采的技术人才；青年时期，他率"三系"南下，稳扎稳打，确立了"三系"在我国铀矿地质与勘探领域中不可动摇的学术地位。他是中国放射性地质大师、成都理工大学专业奠基人之一。

1956年，北京地质学院放射性物探专业与勘探系的部分专业联合成立了稀有、放射性矿产地质勘探系（简称"三系"），金景福刚好在这里研究生毕业，同年出任第三教研室主任、讲师。1965年，响应国家"三线建设，保密专业内迁"的号召，被任命为"三系"系主任的他，奉命率领全系师生南迁至成都地质学院，由此，开始了他与成都理工大学的半生缘。

这一次大迁徙，北京地质学院"三系"包括放射性矿产地质和放射性地球物理勘探两个专业、四个年级学生和教职工全部转入成都地质学院。金景福把自己毕生的精力几乎都倾注到学科发展上，并为该学科专业的发展甚至在全国率先建立硕士点、博士点树起了第一块丰碑。他为"三系"的建立和发展壮大奋斗了一生。

从20世纪50年代起，就我国铀矿床成矿理论、成矿规律、成矿预测，金景福对找矿勘探方面的若干问题展开科学研究，并取得了丰硕

---

② 周波：《省核工业地质局在理工大学设金景福奖学金》，《成都日报》，2007年12月3日。

的研究成果，许多学术思想和理论也成为铀矿研究领域的经典。

他的足迹遍布祖国大江南北，曾先后承担了西北火山岩型铀矿、北京市铀钍矿、南岭花岗岩型铀矿等及其时空分布数十项科研项目。

在科学研究之余，他还经常应邀赴铀矿山、铀矿地质队、铀矿工程兵部队讲学，现场解决生产实际中遇到的科学技术问题，深受同行敬重。为了唤醒沉睡于我国中生代陆相盆地达一亿年的铀矿藏，金景福，匆匆而行，往来于华夏大地的万水千山，全国除台湾和西藏以外，凡是重要的产铀矿区，都洒下了他辛勤的汗水，留下了他坚实的脚印。

20世纪70年代，原解放军基建工程兵205师在四川盆地探测砂岩型铀矿床时，遇到了一件怪事：这是侏罗系红色砂岩型铀矿床，铀矿体露头在单面山顶部。过去一直在海拔1300米的高山地段进行钻探，始终不见矿，这处奇怪的铀矿像一块乌云笼罩在连队所有人的心上。

矿区认为原矿体已破坏，无继续开采价值，想渐次将钻机下撤。该师参谋长想最后努力一把，请来了金景福。金景福听了大家的意见，想了一会儿，拿起粉笔在黑板上画了一条从该区放射性异常点经连队驻地到柏林河的地质剖面图。然后十分肯定地对大家说："你们这里有矿，但不在现在的勘探区内，而在你们驻地所在的平缓丘陵区。"一石激起千层浪，整个连队顿时炸开了锅。

但这需要重新布新钻，大家很为难。金景福斟酌了一下，说："参谋长您下个命令，我来亲自给你们布个钻，试试看。"于是一声令下，矿区部署新的二十二个钻孔，钻孔位置由原处下移数公里至海拔600—700米的平缓丘陵区有地表水和地下水汇聚地段时，机器声响了起来。结果只打了几十米就见了矿，而且是好几米厚的矿！连队一鼓作气，围着这个孔打梅花钻，孔孔见矿。

经过五年的实际钻探，该矿区不仅在预定时代、层位找到砂岩型铀矿床，而且扩大了储量，升格为中型矿床。1980年，工业部召开全国砂岩铀矿找矿会议，表扬了成都地质学院所做的贡献。

由于金景福出色的业务能力，他成了众多矿区竞相邀请、求助的对象。也是1980年夏天，金景福应邀去广东一个矿区指导学生毕业实习时，湖南某矿的同志跟踪而至，声言有勘探工作的燃眉之急，务必请金教授莅临现场指导。经过双方协商，最后广东方面慷慨相助，将金教授暂"借"，但要湖南方面守信，届时"完璧归赵"。时间一天天过去，广东方面仍不见金景福返回，十分着急。直到二十多天后金景福回到广东，才得知，金景福在湖南时，又一次被江西瑞金某矿区中途"借"走了。只要是能多为矿山出力，金景福总是有求必应。

金景福教授也是杰出的教育家。自1956年国家创办放射性矿床地质勘探及放射性地球物理勘探专业以来，他便肩负起为我国原子能资源的勘探和开发培养专门人才的重任。从20世纪50年代中叶起到80年代初，他把近三十个年头的人生黄金岁月，用来培育国家原子能事业急需的开拓者。

"师爱是严慈相济的爱"，学生们印象中的金景福并不完全是严厉的，有的学生甚至评价他为"老顽童"。伴随着金景福严慈相济的师爱，一批批学识宽广、功底深厚、敢于创新、勇于开拓、德才兼备的弟子走到了科学研究前沿。

金景福一生的最爱，除了矿就是书。他的女儿金秀一回忆，从她开始懂事，就经常看到父亲拿着大部头的专业书读。经济不宽裕的时代，他也经常去逛书店，毫不吝啬地买书回家。成都理工大学的图书馆，几乎成为金景福退休后的第二个家。为了读懂晦涩难懂的外文矿藏学书籍，他自学了英文和法文。

在笔者的走访中，得知金秀一目前在国外生活，但金老的夫人金英淑仍在成都理工大学独自生活，前几年，金英淑把金老所有的资料捐给了成都理工大学，为金老做出了"最后的"贡献。

刘宝珺：十里店的沉积和起伏

刘宝珺，生于1931年，天津人，中国科学院院士，成都理工大学名誉校长，中国沉积地质学奠基人之一。他将沉积成岩、岩相、构造的分析和物理化学热力学相结合，提出了"沉积期后分异作用与成矿作用"理论；将流体力学和沉积学研究相结合，率先把风暴流概念引入我国，提出了扬子地台陆缘寒武纪磷矿风暴岩沉积模式；对黔东大塘坡组

刘宝珺

锰矿海平面变化、构造拉张的热水成矿模式的研究，开创了我国采用全球地质事件观点研究成矿作用的先河；在我国南方岩相古地理及沉积、层控矿产远景预测研究中，取得多项开创性研究成果。曾获第一届李四光地质科学奖，1996年获得斯潘迪亚洛夫奖，成为我国首位获此殊荣的地质学家。

十里店人杰地灵，我国沉积岩领域的先行者刘宝珺院士，正是从此处走向了更广阔的学术天地。

刘宝珺早年受教于南开中学，1950年舍弃保送，考入清华大学地质系，立志献身地质。1953年从北京地质学院毕业，后被推荐回母校攻读岩石学研究生。1958年入巴蜀，此后执教成都地质学院沉积岩石学二十余载。1982年出任国土资源部成都地质矿产研究所所长，1991年当选中国科学院院士（学部委员），后任四川省科协主席、成都理工大学名誉校长。曾先后获"国家级有突出贡献中青年专家"称号、"全国优秀科技工作者"称号。

沉积岩成就了刘宝珺。但对刘宝珺而言，涉足沉积岩曾是其学术生涯的大转向。当年，他的恩师池际尚教授正牵头新型沉积岩石学课程的开设工作，她希望刘宝珺能来配合自己，建议他教授"沉积岩的研究方法"这门课。此前，刘宝珺主要从事岩浆岩、变质岩的研究，而对沉积岩不太感兴趣。更何况，沉积岩石学在当时是个冷门学科，本身的理论和方法乏善可陈，人们大多觉得学沉积岩石学是"没前途的"。因此，无论是老牌教授还是青年教师，大都把沉积岩石学的教学视为畏途。

经过一番艰难纠结，刘宝珺决定去教"沉积岩的研究方法"，这大约算是服从组织安排的一次被动选择，但他相信运气其实是时间变量中不那么确定的因素，而努力与勤奋则是可以确定的。他放下思想包袱，积极投身到沉积岩石学的教学与研究工作。几年后，原本少人问津的沉积岩石学在欧美学派泥沙运动力学原理方法的推动下，很快形成了真正有科学逻辑的沉积学，刘宝珺误打误撞进入的冷门隆起为学术研究的高地，此前一直坐冷板凳的沉积岩石学开始逐步受到重视。刘宝珺把这个过程视为刚好并终于赶上了这样一个时代，并由此开启了往后一个甲子的"沉积"岁月。

刘宝珺来到十里店，既是偶然，也是必然。

1958年2月，石油部提出"要把四川作为全国十个石油勘探战略区域之一"。同年3月，川中南充、遂宁、合川三个钻井区同时发现油气，震动全国。尽快在成都地质勘探学院组建石油系，为四川地区的石油地质勘探建设培养人才被迅速提上议事日程。彼时，刘宝珺已在北京地质学院任教。作为被抽调的教师之一，二十七岁的他选择前往成都地质勘探学院，成为石油系岩石教研室的一名助教。在他看来，成都地质勘探学院是继北京地质学院、长春地质勘探学院后兴办的全国第三所地质院校，自身实力和发展后劲不可谓不强："我既然搞地质，当然希望找一个环境比较好的，起点要高一些，所以我就到这儿来了。"

当时学校鲜有教师讲授沉积岩课程，年纪轻轻的刘宝珺因在北京地质学院任教期间曾上过沉积学研究方法一门课，就和同事夏文杰承担起了沉积岩的教学任务。那段时间，他逼着自己埋头苦读，看了大量苏联和欧美文献资料，同时结合读书时的教材和笔记撰写教案，在课堂上给予学生大量丰富新鲜的知识。一学期的沉积岩石学课结束后，他得到学生们普遍好评。

到20世纪60—70年代，刘宝珺碰上了人生中最艰难的日子。他在政治运动中被扣上 "走白专道路""打野鸭子"等莫须有的帽子。尽管业务上出类拔萃，但他在职称评审的关键时刻屡次被拒，连续二十五年都只有助教待遇，家中生活一度举步维艰。

但刘宝珺对科研的热情始终没有熄灭，他一直咬牙坚持学术研究。在学校的图书馆，刘宝珺开始接触现代欧美沉积学的前沿学术成果。几乎每个夜晚，他都在灯下伏案工作到凌晨两三点，研读翻译了欧美现代沉积学大量的文献资料。在此过程中，他惊讶地发现沉积学不再只是地质学，而是正逐渐形成与泥沙运动力学、流体力学、物理化学、地理学、海洋学、生物学、构造地质学等诸多学科渗透交叉的有科学逻辑的学科，并验证了板块运动、海陆变化甚至气候变化的成因。

这些发现激活了刘宝珺钻研学术的热情，他几乎把整个沉积学发展的代表性学说、代表性人物的理论观点、沉积学的交叉学科"一网打尽"，并开展了大量文献翻译工作。

政治风雨渐息后，沉潜科研的刘宝珺迎来了厚积薄发的机会。我国沉积学发展日新月异，当时国内高等学校沉积学教材已不能满足专业地质人才培养的需要，需要重新编写一本沉积岩石学教材。1978年下半年至1979年上半年之间，刘宝珺将主要精力投入高等学校试用教材《沉积岩石学》的编写工作。这本新教材最大的特点是结合了国际最新的沉积学理论，将基本理论如流体力学、泥沙运动力学等理论纳入其间，用板块构造的观点来分析沉积盆地的成因和沉积作用问题，并以成岩后生作用对沉积期后矿床的形成影响等问题作了介绍和探讨，在当时国内出版的同类教材中独树一帜。1980年8月，刘宝珺主编的高等学校试用教材《沉积岩石学》由地质出版社正式出版，成为我国近代沉积学教育进程中具有划时代意义的学术著作。

随着学校的教学科研工作全面整顿恢复，科学研究机构建设进入快速发展阶段。1978年3月，学校成立了沉积岩及沉积矿产等八个研究室。1980年，刘宝珺担任沉积岩及沉积矿产研究室副主任，他和曾允孚作为研究室的两驾马车，分别以碎屑岩、碳酸岩为主要学术方向，带领团队在研究碳酸岩储集岩成岩后生作用、区域岩相古地理及沉积层控矿床的控矿条件方面，在建立西藏中生代沉积与板块构造模式方面，在四川侏罗纪恐龙生态环境方面，以及沉积学的基础理论与应用研究方面取得了诸多重大成果，所研制的图相分析仪填补了我国空白。

1982年，五十一岁的刘宝珺作为沉积学界中青年骨干，离开三尺讲台，从成都地质学院调往地矿部成都地质矿产研究所任所长。在成都地质学院沉潜学问的时光里，刘宝珺做了大量的沉积岩研究，积累了丰富的学术成果。这不仅为刘宝珺科研生涯的厚积薄发打下了坚实基础，也将我国沉积学研究推到了世界前沿。

刘兴诗：最会讲科普童话的地质学教授[①]

刘兴涛1931年5月8日出生于武汉，籍贯四川德阳，曾任成都理工大学学科专业建设高级顾问，地质学教授，史前考古学研究员，果树古生态环境学研究员，知名科普作家。被列入"北大人物"的"北大文坛"中。他从1945年开始发表第一篇作品，1952年开始科普创作，截至2013年7月，在境内外共出版232部图书，获奖144次。其中，美

[①] 参考文献：1. 李芸：《这个爬格子的老头》，《中国科学报》，2018年5月25日。2. 吴文峰：《刘兴诗老头儿的诗意人生》，《中国国土资源报》，2015年7月15日。

术片《我的朋友小海豚》，获1982年意大利第十二届吉福尼国际儿童电影节最佳荣誉奖，意大利共和国总统银质奖章；童话《偷梦的妖精》获1989年海峡两岸第一届中华儿童文学创作奖；《讲给孩子的中国大自然》系列获得了国家级科技进步奖二等奖等。

作为科普作家，刘兴诗有坚硬的科学功底。中学毕业前，他拒绝了海外伯父让他出国留学的建议，坚定地留在祖国。他说：建设新中国，首先需要矿产，地质工作最艰苦，最危险。我们不去，谁去？他义无反顾填写了报考大学的志愿：地质。1950年，刘兴诗考取了北京大学地质地理系。1956年毕业后，先后在北京大学、华中师范学院、成都理工大学（原成都地质勘探学院）任教，同时也走遍了祖国的大好河山。他和地质结缘了大半辈子，和科普结缘了大半辈子，也和成都理工大学结缘了大半辈子。

自1958年刘兴诗分配至成都地质勘探学院任教，他就开始了拿着地质锤跑野外的生涯。"教书匠""爬山匠""爬格匠"这三种身份被刘兴诗印在了自己的名片上，也是他一生致力去做的三件事。

作为教师，刘兴诗开过十多门课程，五花八门的学术讲座。主要科研课题有"四川盆地第四纪地层及相关问题研究"和两个国家自然基金项目、跨国合作项目"中国、哈萨克斯坦西天山野生苹果林生态环境及起源探讨""广西柳州白莲洞遗址地层及古环境研究"等。

作为一个地质工作者，他除在国内各地考察外，还到过北冰洋、中亚、北美、西欧、越南北部等地区。他曾在黄土高原的一个窑洞里睡过老乡的棺材，也曾在四川西南部风雪交加的小山村里宿过猪圈。夜走巴丹吉林沙漠曾经迷过路，六十六岁生日那天在大巴山考察时翻过船。吃过陇东黄土高原上的老乡为答谢救命之恩送来的半只鹿，还穿着从成都地摊上买来的三十八元人民币的夹克去考察阿尔卑斯冰川……

他有太多"第一"。

他不仅全面系统整理出四川盆地及邻侧地区第四纪地层划分系统、地貌发育地文期系统，还首先发现江北期（全新世亚北方期）的极度干旱性质，首先发现及命名晚更新世的巫山黄土、广汉黏土及广汉砾石层、土门泥炭层等。

他说：我的一生，十分幸运得到三个学校的熏陶，除了南开、北大，第三就是看不见、也摸不着的"山野大学"。他认为身在山野，更加觉得祖国无限亲切可爱。那不仅是河山的单纯美，还因为其中包含着深深的民族情感。尽管所到之处多数地处偏远，有的还苍凉，甚至危险重重，但这是他最初的选择，他心甘情愿。

2008年汶川特大地震时，刘兴诗正在北京。他不顾劝阻，在北大校园三角地小店买了红衣红帽，就第一时间赶赴银厂沟现场——1985年，他负责设计开发了成都附近银厂沟、天台山、西岭雪山等景区，被誉为"银厂沟之父"。到了地震灾区，他专门选断裂带的旁边，等着余震，看地震来的时候山是怎么垮的，要为灾后重建拿出第一手材料。震后，他还写了多篇诸如《汶川大地震的回顾与反思》等对地震进行研究和分析的论文。

一辈子行走在科研一线，也为刘兴诗的科普图书打下了坚实的科学基础。刘兴诗认为，最好的科普读物是"研究"出来的。需要作者最好身在科研第一线，有自己独有的成果介绍出来，才是真正的原创。

在《讲给孩子的中国大自然》一书中，有一篇关于长江水位的科普文章。其中写道，三千年前，泸州这一区域的长江平均水位，曾比现在最低水位还低两米。而这一结论，就来自刘兴诗连续数年沿长江的行走，最终在泸州的江边找到"记录"水位的次生胶结岩石而得出的。

2019年，他已经八十八岁了，而他早已在博客里写下了自己的"结局"："作为一个地质工作者、一个作家，我的最后一息必定是在山野中跨出最后一步，在工作台前写完最后一个字。"

附录：邬宗岳：珠穆朗玛一青松①

在电影《攀登者》里，井柏然饰演的队长李国梁，成了全片的泪点之一。他为了把握珠峰为数不多的窗口期，在1975年第二次登峰前主动请缨担任队长带队冲顶，最后为了拍摄记录队友登顶过程不惜解开安全绳滑坠落崖。

李国梁的原型是谁？这个担任着攀登者和摄影师的双重身份，1960年和1975年两次攀登珠峰，带着向世界证明中国人能再次登上峰顶决心的人，正是成都理工大学1956级校友邬宗岳。多少年来，邬宗岳的汉白玉雕像，静静地伫立在成都理工大学。这里还保存着他登

---

① 此文曾发表于成都理工大学官网及川报观察网（张爱艾、曾灵、李丹：《攀登者原型你知道吗？来看成都理工校史中走来的邬宗岳》，川报观察，2019年10月10日）。

顶珠峰时在8000米以上采集的二云母花岗岩岩石等标本，他"不甘人后、敢为人先"的攀登者精神也在校园传颂。

近日，笔者采访到了邬宗岳的儿子邬前星、老师周绍文，在他们口中，这个将使命看得比生命更重要的攀登者留给了他们无尽的思念和强大的精神动力。邬前星后来"子承父业"进了中国登山队，他告诉笔者："他（邬宗岳）已融化在珠峰，山在哪里，他就在哪里。"在周绍文老人带来的邬宗岳的书信里，他对母校的深情以及对登山事业的忘我也让人动容。

理工大学体育健儿，登山队一员虎将

1956年，在体育方面极有天赋的邬宗岳凭借扎实的基础知识，顺利考入成都地质勘探学院，成了找矿系56115班的一名调干生。在大学里，他学习非常用功，成绩优良，是班上的团干部。作为校园里的活跃分子，他先后担任学院体育部长、学生会副主席，又是院篮球队队长和院手球队主力队员。他的同室好友、成都理工大学教授慕记录回忆："邬宗岳干得十分出色，多次为学校争得了荣誉，得到了全校师生员工的赞赏。"

在此之前，邬宗岳在高中时代就被推选为校"环球队"（包括篮球、排球、足球）总队长。1951年，十八岁的邬宗岳当兵进入军营，体育依然是他不变的爱好。1953年，由他任队长的西南空政男子篮球队在四川省首届运动会上夺冠，紧接着又在全国空军运动会上拔得头筹，邬宗岳也因此两次荣立三等功。

不得不说，后来他进入中国登山队，担负起光荣的任务，和他的

身体禀赋有密切关系。

在成都地院，邬宗岳的体育老师正是仅年长他两岁的周绍文。周绍文一眼看中了这个品学兼优的体育苗子，在后来的举荐中，已到中国登山队担任体能教练的他郑重推荐了邬宗岳和另一个学生罗士明。据周绍文介绍，在登山队的训练里，只是普通队员的邬宗岳还常常主动帮周绍文负担一些训练任务。

在邬宗岳妻子王明秀的回忆录中，邬宗岳大学毕业前夕，国家决定中国登山队首次攀登珠峰，并从成都地质学院抽调邬、罗二人去参加和执行任务。在大学里就接受关系到国家荣誉的这么重要的任务，邬宗岳由衷地兴奋，铆足了干劲。特别是邬宗岳从未经过高山训练，第一次登山就两次运送氧气和物资到珠峰8500米的高度。由于他们表现突出，当时国家体委领导就要将他们二人正式调到登山队，可是地质学院早就决定待他俩毕业后留校工作。那边要调，这边不放，这一场拉锯战持续了三年之久，一直到地质学院争不过，才无可奈何只好同意放人。

登山队自此正式添了一员虎将。

1960年5月，邬宗岳参加了中国登山队首次攀登珠峰任务，和负责后勤的队友们将氧气和物资运送到珠峰8500米的高度，有力地保障了队友们的攀登。然而，这次的成功攀登因为没有留下影像资料，竟没有获得世界的公认。这深深地刺伤了邬宗岳的民族自尊心，他决心要在攀登的事业中贡献出自己的一切，为祖国争得荣誉。征服珠峰后，邬宗岳被队里选派去北京新闻电影制片厂学习摄影技术，他很快成了一名优秀的摄影人及出色的登山教练。

1961年6月，邬宗岳带领中国女子登山队，登上海拔7595米的公格尔九别峰，打破了女子登山高度的世界纪录。完成登顶后，下到海拔7300米高处时，队员衡虎林掉进深不见底的冰裂缝时，他两次下到冰裂缝深处，抢救遇险的战友。

1964年5月，邬宗岳和其他九名运动员，登上了海拔8012米的希夏邦马峰。在极端恶劣的情况下，他成功拍摄了首次攀登这座高峰的电影，公映后轰动世界。邬宗岳因此荣立特等功，并获国家体委"五好运动员"称号。在国庆十五周年时，他登上了天安门观礼台，受到毛泽东主席的亲切接见。

首登珠峰，邬宗岳将珍贵标本捐给母校

2019年已八十八岁的周绍文介绍，他与邬宗岳通信直到邬去世前数月，他告诉我们："邬宗岳在工作生活中严格要求自己，也努力想要为学校争光。"离开成都地质学院加入登山队后，邬宗岳仍与学校保持着联系，关心着学校的发展情况。粮票、油票的供应是否充足？学校地质发展取得了哪些新成果？身体离开了故土，心灵却从未斩断与母校的联系。在与昔日良师的早期通信中，他常流露出想要回来为母校发展做贡献的想法。

我们也在邬宗岳寄给周绍文早期的信件中看到了邬宗岳对母校的情感："……因为原来一直是抱着'搞登山是组织服从，个人意见最好回学院（的想法）'。现在通过这个检查，对自己不能不说是个真正的提高。（我）实际是个人所谓地质科学更吃香，更有个人前途等等个人主义思想。当然里面也有几年来由于在学院受到的教育，

对地质事业也是热爱的，也的确视为自己终生的工作。但现在党的需要……"在面对周绍文这样一通自我剖析后，邬宗岳后来再也没提回成都地质学院的想法，而把全部身心放在了登山事业上。

方五洲交给恋人化石标本是电影中多次出现的情节。在真实的历史里，邬宗岳向母校捐的二云母花岗岩岩石等十来块标本，如今依然在成理博物馆诉说历史，凝聚着成理学子的情怀，是这个大时代的见证。

首次登顶珠峰时，邬宗岳和罗士明在珠峰8000米以上采集了一些岩石标本。尽管天气寒冷又极度缺氧，邬宗岳仍以顽强毅力，细心采凿每块矿石，无论是麻岩、大理石岩还是石灰岩、云母岩，每块均厚3厘米、宽6厘米、长9厘米，非常规则。邬宗岳用羊绒衣包裹着那些标本，背下山时，羊绒衣都磨破了。后来，二人将二云母花岗岩岩石等标本捐给了母校。2016年，成都理工大学六十周年校庆时，二云母花岗岩岩石标本被收录入画册《理工藏品》，作为包括南极、北极、珠穆朗玛峰、太平洋底等方位的"四极珍品"之一。

纪念父亲，儿子继承衣钵进登山队

邬宗岳对于地质的热爱，我们也在他的大儿子邬前星那里得到了印证。邬前星十五六岁时去北京读高中，"有幸"和爸爸在一起生活了两年，这也是邬宗岳生命中的最后两年。邬前星记得爸爸有一些标本："但从不让我碰那些标本，他很爱地质工作，干一行爱一行。"那两年，邬宗岳总是太忙，几乎没有带邬前星到北京哪里去玩玩。"爸爸忙于训练，我睡了以后才到家，我早上还没有醒的时候，他又出门了。"邬宗岳去世后，邬前星才听到妈妈、父亲战友、亲属告诉他邬宗岳在成都地质学院的故事。

"那一天，我们全家都觉得天塌了。"邬前星告诉我们。1975年，时年四十二岁的邬宗岳受命带领一支突击队冲击珠峰。在攀登的过程中，邬宗岳一边用电影摄影机拍摄大家与风雪搏斗的镜头，一边向大本营发出心电信号，为研究人类对特高海拔地的适应状况提供了宝贵资料。5月5日，在突击队向海拔8600米的最后一个营地进发之时，为记录攀登海拔8200米以上高度的运动员们与大自然搏斗的珍贵镜头，邬宗岳解开绳子，走在队伍后面拍片子。队伍前进了，邬宗岳却渐渐落在了后面。晚上9点左右，到达突击营地的队员们没见到他，立刻去行军路上接应，然而夜色茫茫，哪里还有邬宗岳的踪影。

5月28日，当登山队从顶峰下到海拔8200米时，只见邬宗岳的背包、氧气瓶、冰镐和摄像机整整齐齐地放在悬崖边上，而人却无踪迹。下到8000米附近时，队员们看到在悬崖顶部风化岩石和冰雪混合的地方，邬宗岳已经长眠在珠峰雪白的怀抱中。

生前，为了登山，邬宗岳不仅和孩子聚少离多，与妻子王明秀也一样。他们结婚十九年，相聚的时间加起来不过三四年。邬前星从小的记忆就是"全国各地找爸爸"。邬宗岳调到登山队以后，家人就两地分居，一年只有十二天的探亲假。邬宗岳却总是以事业为重，几乎都是王明秀带着孩子，扛着行李，到他训练的所在地去探望他。就算如此，邬宗岳还经常委托队友去接母子。最后一次碰面，王明秀终于调到了北京，全家团聚在望，结果邬宗岳连行李都没来得及帮王明秀打开，就踏上了那次牺牲之旅。

但孩子仍然对邬宗岳有着特殊的崇敬之情。1983年从部队转业后，邬前星也选择到国家体委登山队。邬前星告诉我们，自己加入登山队："是我自己的意见，我想代表我们家人去看看老爸牺牲的地方。"结果，这个决定几乎没人支持。"我妈也是不同意，但是只有我能代表全家去看看老爸牺牲的地方，就这一个愿望。"后来，邬前星顺利通过了重重考验，成功加入登山队，并且工作了十来年。1985年新疆中美联合登山队攀登6973米的木孜塔格峰，中方五人登顶，邬前星就是其中之一。邬前星说："在登山队的时候，我们年年都要去珠峰，最高去过6500米的三号营地。大本营有我老爸的一个墓碑，我每年都去祭奠。"

到如今，邬前星一家只要经过成都，都会来到成都理工大学祭拜邬宗岳。他告诉我们，父亲的遗体还在8000多米的山上，成都理工大学的这尊雕像是他们全家可以到达的唯一一个纪念的地方。在成都理工大学橘颂园，这尊1984年落成的雕像背后刻着"向一九七五年五月四日攀登喜马拉雅山珠穆朗玛峰途中壮烈牺牲的老校友——邬宗岳烈士致敬"的字样，三十六年来传颂着英雄的故事和精神，同样接受着理工师生的瞻仰和怀念。

老校徽上的小恐龙：博物馆的故事①

成都理工大学博物馆镇馆之宝："东方巨龙"

成都地铁7号线理工大学站位于二仙桥东路路口，这是二仙桥街道的第一个地铁站。2017年年底一开放，这里就成了"网红"，站内的文化墙常常引人驻足欣赏。这里有一幅由一百二十万粒马赛克拼接而成的梦幻墙面，蓝色天际下，一只只体型庞大、威武神气的恐龙漫步在蕨类植物丛中，这是从成都理工大学博物馆的镇馆之宝——合川马门溪龙获得灵感而创作的。

虽然无从目睹恐龙的体貌形态与生活环境，但人类从没停止过对这数千万年前神秘生物的好奇与探索，而被誉为"万卷书"的化石则成为古生物学者最直接的研究资料。

人们也许很难想象，那幢静静伫立在成都理工大学砚湖边的二层小楼，竟存放着世界已知恐龙化石中脖颈最长的蜥脚类恐龙化石。恐龙化石数量稀少，而这样骨骼完整、品相良好的更是难得一见。

走进博物馆，最醒目的展览区有总长约二十二米的合川马门溪龙化石。从重庆发掘到四方展览，六十多年来，这条"东方巨龙"在

---

① 参考文献：1. 陆远、王正新、胡芳、徐荣、向冬：《成都理工大学博物馆三十年的历史沿革》，《成都理工大学学报（社会科学版）》第16卷第4期，2008年12月。2. 作者写作本部分采访了王正新老师，并由他提供大量资料。

"大木箱"里安过家，在涪江上乘过船，在北京"整过容"，重获新生的它最终落户于当年的成都地质学院陈列馆，向世人展现它的雄姿。在这段奇幻旅程里，"辗转漂泊"的不仅仅是当初上千斤重的四十箱化石，还有很多成都理工大学人。

时间回到六十多年前。中华人民共和国成立后，为结束"洋油"时代，全国各石油分队都积极开展找油工作。1957年4月，四川石油管理局地质调查处二分队四联队在地质组组长余家仁的带领下，来到了重庆市合川县太和乡的古楼山，对大石桥地质构造进行石油与天然气勘探。

古楼山由一片紫红色砂岩组成，山高坡陡，荆棘丛生。上山时，四联队年轻的地质工人侯腾云铆足了劲儿，一马当先。爬到半山腰时，他突然发现路边红色的岩层中有一块白色石头与众不同。侯腾云走过去用地质锤敲了一下，谁料石块相当坚硬，敲击时火光四冒。他蹲下来仔细观察，越看越像动物骨骼，他情不自禁地大声喊起来："大家快来看！这里有动物化石！"组长余家仁和队员都围过来，仔细对已经暴露出来的化石进行简单清理。几天后，因发掘工作量太大，石油与天然气勘探工作任务重，发掘工作只好停摆，参与人员随即将此发现上报至当时的四川省博物馆。

"四川省博物馆得到合川有恐龙化石的消息后，立即派当时省文物管理委员会工作人员前往化石出土现场组织发掘工作。因为发掘的工作量大，后来重庆市博物馆又派我去配合发掘工作。"事隔四十多年，现已七十多岁的重庆市自然博物馆工作人员龚廷万描述起当时的情景还记忆犹新。

由于化石埋藏地点所在的太和镇是合川县第二大镇，附近甚至方圆十多里赶来围观的人络绎不绝。乡民们有的凑过来看热闹，也有想碰运气顺手牵羊的，拿到龙骨碾成粉末制作成止血的刀口药。为保证挖掘工作顺利进行，龚廷万团队只好求助政府，派遣民兵手拿老式步枪前来维持秩序。"那化石上面最顶层是红苕地，再下面就是'石谷子'（一种松散的浅红色砂质泥岩），当地老乡年复一年地铲坎除草，恐龙化石的脊背骨早就露出来了。"龚廷万回忆道，"当地人知道它就是'龙骨'，就用锤子敲去当止血药，也有人竟然把它当作一般的石头拿去砌水渠，好生生的脊椎骨就这样被破坏掉了。"

发掘队请了十多个民工在四米高的坡坎上一层一层地发掘，经过一个多月的清理，方才看到恐龙当时躺在地上的样子——呈斜"U"形。令人奇怪的是，恐龙的头骨却迟迟不见踪影。工作人员继续组织民工往石头深处打了一个两米来深的大洞，仍然一无所获。它为何尸首分离？头骨哪里去了？至今还是一个谜。后来，成都地质学院的何信禄教授两次回到合川，想去恐龙化石的发掘地寻找头骨，依然没有答案。

龚廷万回忆："我向当地群众借了两个梯子绑成'人'字形，站在上面俯视下方，为恐龙化石埋藏状况照了一张相。后来我又用一个星期时间，给化石埋藏情况绘图，最后就开始为它装箱，整整装了三十二只大木箱（也有人回忆说是四十箱），接着便在太和镇租了两条木船，用了两天时间才运到牛角沱，就近存放到了重庆市博物馆。"

当时的重庆市博物馆主要收藏陈列的是文物考古和自然类的藏

品，因为缺乏古生物化石研究的专家，合川出土的恐龙化石只能存放起来。这一放，就是五年。

当机立断，恐龙真身落户成都

1960年，成都地质学院决定修建地质陈列室，以供本校学生教学和科研之用。地质陈列馆馆址选在综合楼一楼。1962年，这几个地质专业陈列室合并定名为成都地质学院陈列馆。主要陈列展示岩石、矿物、矿产和古生物等方面的内容。

建馆之初，占地八百平方米的综合大厅空空如也，除了墙上挂着的沈括、章鸿钊、李四光、莱伊尔、魏格纳、葛利普等名人画像外，连展柜都没有一个，陈列馆急需大量的标本和实物充实陈列展厅，标本征集工作刻不容缓。

1962年的秋天，陈列馆建馆两年，一个主任三个老师，是馆内仅有的四个工作人员，采集标本的工作就落到了罗岚和李鑫源两个老师的身上。李鑫源教授回忆道："那个年代的条件很艰苦啊，人手也缺乏，就这样，我俩便动身前去搜集标本了。"当去到四川省博物馆考察时，同行建议他们："你们修建的地质陈列馆，陈列内容和重庆市博物馆的近似，可以去那里看看。"于是，深秋刚过，两人便又起身赶往重庆征集标本。

到了重庆市博物馆，只见后院里杂乱无序地堆放着如山的箱子。每个箱子长约一米五，宽约一米，高约半米。"那么多箱子，堆起来像一座小山一样高，很难不引起注意。"李鑫源教授回忆道。虽然遮盖了布匹，但是经过日晒雨淋，有的木箱早已裂开散架，露出了里面的石头，还有相当部分的木箱已经出现被白蚁啃食的情况。

原来，大木箱内装的正是前几年在重庆合川发现的恐龙化石，这些木箱在食堂存放了四年多的时间。因为太多太大，又遭到白蚁啃食破坏，严重影响大家就餐，就被抬出来放到院子里存放了一年。经过后来准确清点，一共有四十箱。

在重庆市博物馆短暂停留和考察后，一个想法在罗岚和李鑫源的脑子里冒了出来："既然放在他们这里也是闲置，何不拿到我们那里去？"这样珍贵的恐龙化石，对于学校博物馆的研究和发展无疑都是非常难得的资源。容不得犹豫，回到成都地质学院，两人立刻汇报。学院讨论会上大家七嘴八舌，争论着是否应该去重庆运来这些"一无所知"的石头，有人说："拿回来一些石头（恐龙化石周围的围岩）有什么用？"又有人说："恐龙是什么动物？没有人懂。"还有人说："我们没有研究人员，谁来承头研究？"许多的问题困扰着学院的老师教授们。最后，还是学院院长朱国平拍板："先不要管那么多，把东西拉回来再说！"

就这样，罗岚、李鑫源二人又踏上了去往重庆的路。可到了重庆问题又来了。一来重庆市博物馆并不十分愿意把化石给成都地质学院。他们认为既然都保存到了重庆，如此珍贵的化石，又何必拿走。二来化石的归属权是属于四川省博物馆的，只是就近存放在这里，四川省博物馆也曾经想拿回这些化石，大家都知道这是个珍贵难得的宝贝。

想带走合川出土的恐龙化石的人很多，但均没有人力和物力将它们带走或进行研究。当年的成都地质学院也面临同样的问题，可大家都不愿意放弃这样珍贵的标本，经过与四川省博物馆的多次交涉，省博物馆的领导考虑到成都地质学院在做地质方面的研究，以后可能会有所涉猎，最终同意了学院将其带回。

如此反复，在重庆市博物馆和四川省博物馆之间来回跑了三四次，终于得到了批准。随后，由成都地质学院派出一支三辆车的车队，四十个箱子被一次运回了成都。

李鑫源教授一边回忆一边感叹："我们并不是第一批去到重庆和第一批想要拿到化石的人，却真正把化石拿到了手。当时重庆自然博物馆的工作人员说好多部门都想要这具化石，但也只有我们是来了又来，没有放弃，要说对这个事情的重视，还是只有我们。"

南北辗转，两亿年前生物身份破解

"化石运回来以后，我们的力量也还是不够的，老师们一面搞科研，一面还得授课，而且当时也没有谁是专门研究恐龙化石的。"成都理工大学博物馆前办公室主任王正新回忆道。

1963年4月的一天，成都地质学院陈列馆的李之常馆长打开了箱子，将化石拿出来摆放在综合大厅里。听说他要研究恐龙化石，好多老师都跑来看，想知道到底是怎么回事儿。地质系和古生物系的老师们担忧地说："这么大的化石谁都没有见过，不好弄呀。""我们古生物教研室也无人研究古代脊椎动物啊！"

……

李馆长试图对恐龙化石进行初步的整理拼接，从尾部和脚部的骨骸开始，寻找骨骸间启上衔下的关系，再一节一节地拼凑，但是由于当时的条件和专业限制，数月过去了，也并没有什么实质性进展。

面对诸多无奈，思来想去，何信禄教授和古生物教研室几位同事商量后认为，应将恐龙化石进行修复复原，才能实现更多的科研、教学价值。于是他们向上反映，学院领导采纳了他们的意见。1964年2月，"四十个大箱子"被送到了北京中国科学院古脊椎动物研究所。

送去北京之前，时任教务处副处长陈籍思教授强调说："一定要有我们的老师跟去研究学习，知道怎么装架和保护化石，这样以后学校才有研究化石的人才！"就这样，姚代宗和刘秉荣老师跟随队伍去了北京，在那里度过了一年多时间。也正是陈籍思教授的高瞻远瞩，才为成都理工大学培养一批优秀的古生物化石研究人才奠定了基础。后来的何信禄教授、蔡开基教授等，都在恐龙化石研究领域颇有建树。

中科院古脊椎动物与古人类研究所所长杨钟健教授对四川出土的恐龙化石十分重视。亲自挂帅，成立研究小组，并把刚从苏联留学回国的青年学者赵喜进也拉进科研小组，参加对恐龙化石的研究和修复工作。

化石复原后长22米、高3.5米、重1765公斤，估计它活着的时候体重可达40—50吨。经研究后，杨钟健和赵喜进认为，这具恐龙化石生活在侏罗纪晚期，距今约1.4亿年。对比世界上发现的大型蜥脚类恐龙化石，合川出土的恐龙化石不应归属于东非的腕龙类，也明显区别于美国的雷龙，倒是和美国的梁龙有些相似。梁龙的特征是颈椎长（约7.8米），尾巴细长。但是，马门溪龙的颈椎比梁龙的还要长（约9.8

米），且没有梁龙尾椎后部像鞭状的尾椎等等。根据合川出土的恐龙化石有头小、颈椎长、颈椎坑窝构造发育、背椎神经棘突出粗壮、荐椎愈合、前部尾椎前凸后凹，前部尾椎脉弧分叉等特征，杨钟健和赵喜进将马门溪龙定名为"合川马门溪龙"。马门溪为属名，合川龙是种名。1965年，时任中科院院长的郭沫若先生为复原后的恐龙化石亲笔题名"合川马门溪龙"。

合川马门溪龙的最大特点就是颈部特别长，到目前为止，它仍然是人们发现的世界上颈部最长的蜥脚类恐龙。如果它在地上行走时把脖子伸直，能轻而易举地把头伸进普通三层楼房的窗户。因为发掘时没有看见合川马门溪龙的头骨形态，研究者参考了美国的梁龙头骨，复原了合川马门溪龙的头骨。

后来，自贡又发现了马门溪龙，这次的发现基本确定了马门溪龙头骨的形状，研究人员根据自贡马门溪龙的头骨，第二次复原了合川马门溪龙的头骨。回忆起当年的往事，何信禄教授笑着说："自贡这次的发现可谓纠正了从前的'张冠李戴'，真正意义上还原了合川马门溪龙原貌！"

由于化石发现于世界东方的亚洲，人们给它一个通俗美称——"东方巨龙"。有关专家介绍，合川马门溪龙每天要吃掉上千公斤食物，它一生中，不断地吃，不断地长，这样终身生长，才能达到这样巨大的体形；也有人从生理的角度对它进行研究，认为它的脑垂体特别发达，脑垂体过分发育，刺激了身体的发育，使得蜥脚类恐龙身材高大魁梧，是恐龙王国中的"巨人"。

1965年，在北京中国科学院古脊椎动物研究所完成修复后，最让成都地质学院老师们担心的事情还是发生了。好几家科研单位都提出了想留下这具珍贵化石的申请，不仅是北京自然博物馆、北京古脊椎动物研究所，就连远在上海、天津等地的博物馆，都纷纷被合川马门溪龙巨大的科研和展览价值所吸引。面对各家单位的竞相争夺，化石放在哪儿，成了难题。中科院的领导们左右为难，化石只有一具，给谁都不行，给谁都不公平。因为学院缺乏专业的研究团队，地理位置等也都不如京津沪地区，成都地质学院的老师们也明白自己的竞争劣势，从而更加紧张，甚至做好了拿不回化石的心理准备。

就在大家都一筹莫展的时候，中科院的领导们提议，让"四川来的东西，回到四川去，让化石物归原主，才是它最好的归属"。这时，前往北京修复化石的老师们才终于松了口气。

1965年冬天，复原完成的合川马门溪龙化石被悉数运回成都地质学院，一同前往北京学习的刘秉荣和姚代宗二人，整整花费了一年时间对化石进行重新装架。终于，在数万亿年后，这头远古时期的庞然大物，以化石的形式向世人展现它的雄姿。

震惊世界，复制模型走出国门

合川马门溪龙作为中国发现较早、保存最好、亚洲最大、最具研究价值的恐龙化石，它的发现与研究，在国内与国外都引起了不小的轰动，各大博物馆纷纷要求陈列展出这个十分罕见的庞然大物，但都遭到了成都地质学院博物馆的拒绝。前博物馆馆长李奎曾说过，合川马门溪龙化石属于国宝级别，太珍贵了，外出展览需要装箱运输，这其中的舟车难免会使化石受到损坏。成都地质学院博物馆的老师们唯恐它受伤，后来也曾有很多地方博物馆希望合川马门溪龙能在他们馆内展出，但都被婉拒了，原因还是怕它"伤不起"。

不久后，因上海筹建史前动物演化展厅，需要有合川马门溪龙这样的"巨无霸"镇场。北京自然博物馆、上海自然博物馆等商量后决定，由上海自然博物馆派出两位手艺高超的制模师傅——白春生和蔡师傅（女）前往北京指导"克隆"合川马门溪龙，古生物专家谢万明、甄塑南等人则组成恐龙复原小组，负责对恐龙模型的复原质量进行把关。模型复原小组克服了许多困难，花费了将近一年时间，经过制模、翻模、修模、复制、复原、上色等工艺，共复制出三条惟妙惟肖、难辨真伪的合川马门溪龙展品，并分别安装陈列在北京、上海等三个自然博物馆的展厅里。1972年，上海自然博物馆展厅开放当天就吸引了一万多名观众，许多观众在参观时情不自禁地大声喊起来："快来看啊，这里有恐龙化石！"

长达22米、高3.5米的恐龙化石"替身"在中国香港、中国台湾地区及意大利、泰国、新加坡、日本等地都留下过足迹，并曾与苏联的卫星一起成为世博会上仅有的两个被指定参展项目，受到了世界人民的喜爱，成了四川乃至中国的名片。

除了对外展出，合川马门溪龙的身影也出现在小学教材与《人民画报》上，并和万吨水压机、原子反应堆等一道列入我国十大科技成果。1985年12月，四川电视台和四川省科委还为合川马门溪龙制作了名为《东方龙》的五集电视连续剧，受到社会各界的广泛关注。而在2009年，由中国科协主管、中国科技报协会主办的《环球科学》杂志，邀请各领域科学家与该刊编辑共同遴选出六十项中国科学家取得的杰出成就，"发现合川马门溪龙"排在第五位。

新馆启动，化石新宅翘首以盼

各展览中的"替身"风光无限，但由于修复馆舍旧阁楼的缘故，真身却在来到成都理工大学博物馆几年后被存放进了箱子里妥善保管。现在，新的成都自然博物馆即将落成，化石也将搬进"新家"。

合川马门溪龙的发现研究，是世界恐龙研究史的一个里程碑。1972年，马门溪龙相关著作出版，标志着我国恐龙学者对蜥脚类恐龙的科学研究已走在世界前列。

2016年，成都理工大学与成都市的市校合作全面展开，学校与成都市人民政府签订合约，共同策划、筹备、建设"国内一流、国际领先"的成都自然博物馆，同时挂名成都理工大学博物馆，将其打造成城市重要的文化地标。自截稿时，这座博物馆已封顶，据其总设计师刘艺介绍，这座极具时尚现代感的建筑物，其设计元素充分诠释了"四川味道"，将蜀山、蜀水、蜀道融入总体设计之中。内部陈列主题分为两类四大模块："演化乐章""生命画卷""文明史诗""时空漂移"，展现出地球诞生及生命演化，物种与自然环境的适应发展，天地自然与生命、人类活动的关系等。

时任成都理工大学博物馆馆长杜春华表示，新博物馆建成后，镇馆之宝合川马门溪龙化石将会安放在非常醒目的中心位置，并按照严格的展陈规范进行展示。"在箱子里封存保管了如此之久，我们非常期待它'破箱而出'的那一天，期待着它来震撼我们的视觉，俯瞰这亿万年后的人间沧桑。"

2017年5月19日，《中国恐龙》特种邮票在内蒙古自治区二连浩特市举行了首发仪式，邮票包括一套六枚和小型张一枚，这枚独特的小型张，就是合川马门溪龙。这是中国邮政发行的首套中国恐龙主题特种邮票，展现了目前中国发现的七大恐龙。这一次，合川马门溪龙又将以邮票的形式去到各地，向民众展示它的风姿。

如今，很多人来到成都理工大学博物馆都会问一个问题："作为镇馆之宝的合川马门溪龙化石意义何在？"杜春华这样回答："它除了在教学上能成为同学们的实习标本外，对民众也是不可多得的生物演化过程的实物展示。它可以帮助我们了解恐龙为何这般大，它们又是因何灭绝，与当时的气候、环境等生态问题有何关联，与现在人类及多元生命和谐共生有何关联。"

不仅如此，合川马门溪龙化石的后续研究，也为成都地质学院培养了一支优秀的古生物化石研究队伍，为一批技艺精湛的修复与装架工作人员提供了样板和平台。

以何信禄、李奎、蔡开基教授等人为首的科研队伍，先后对四川的自贡、广元、成都龙泉驿大面镇、资中县罗泉乡、开江县金鸡乡等十余地的恐龙化石进行了调查和研究，并对重点地域展开了专项课题研究，发表论文近二十篇，出版专著三本。四川自贡大山铺的恐龙研究成果荣获国家科技进步二等奖。学院的恐龙修复与装架队伍也荣获地质部恐龙化石修复与装架新工艺技术三等奖。

今天的合川马门溪龙化石，不仅贡献着自己的科普价值，更成为成都理工大学的一张名片。

谁也没有想到，成都地质学院的老院长朱国平先生当年一句"先拉回来再说"的话，会引出合川马门溪龙与成都理工大学这么多精彩的故事。而当年为发现、挖掘和研究合川马门溪龙付出过辛勤汗水的前辈们，其勇于开拓、执着不懈的精神也激励着一代又一代的成都理工大学博物馆人克服险阻，继续前进。

到2020年，始建于1960年的成都理工大学博物馆已走入第六十个年头，从陈列室合并为陈列馆再扩充为博物馆，馆内藏品不断丰富完善，囊括岩石、矿物、古生物等多种自然标本。从服务教学到助力科研再到社会科普，馆外功能不断增加和拓展，真正发挥了博物馆的社会教育作用。对内，它是凝结数代人心血的文化殿堂。对外，它是科普基地与成都理工大学名片。一幢看似不起眼的二层小楼，一群看似普通的博物馆人，正在用他们的努力，自信地走向下一个六十年。

理工大学医院：健康的防护盾

如今，在成都理工大学老校区西侧，有一栋五层小楼掩映在翠绿的爬山虎之后，这是1999年修建完成的成都理工大学医院。作为一所高校医院，这里不仅设置有内、外、妇、儿、口腔、耳鼻喉等门诊临床科室，还配备有血球计数仪、彩超、全自动生化仪、CR放射数字影像系统等先进的医疗设备。因服务对象主要是校内师生，成都理工大学医院自然成为全校近四万人的健康"保护伞"。

医院成长纪实

成都理工大学医院的前身要追溯到建校初期的成都地质学院卫生所。当时，两层小红楼设有门诊部和住院部，有限的区域只能为师生们提供最基础的医疗服务，在艰难的岁月，老一辈医务人员为学校的卫生工作做出了积极的贡献。

20世纪90年代，因成都理工大学地处偏远，校医院设施简陋，医疗设备落后，年久失修，经常电线短路，下水道堵塞，屋顶漏雨。90年代后期，由于学校招生人数的扩大和校医院房屋和设备日渐破旧，医院运行已非常困难，医院领导班子向校领导班子汇报了情况并提出了新建医院的设想。2000年初，新医院正式启动，新建的医院有宽大明亮、门类齐全的门诊各科室，拥有二层楼近百个床位的住院病房，全部病房均为双人间，带卫生间，还有中心供氧系统。这在当时高校医院中已算比较高端的。

应对突发事件，灾难面前彰显白衣天使本色

1995年，号称2号病的烈性传染病在成都某高校暴发，直接威胁着各高校师生及成都市人民的生命安全。其时，市传染病医院已经收治了大量的2号病人及2号病高度疑似病人。与此同时，成都理工大学也陆续有一百多人出现发烧腹泻症状。面对这一百多名发烧腹泻的学生，转院，意味着大量人力物力的压力和公费医疗的严重超支，不转，又有极大的风险。

那时，医院领导班子反复调研病人病史及实验室检查结果，初步考虑理工大学的腹泻传染源来自食品的污染和食堂炊事员中的健康带菌者。医院领导班子作出决定，病人全部不外转，但要严防死守，并将所有腹泻病人全部集中在一所办公楼里隔离治疗，密切动态观察病人的病情变化，及时处理。所有病人的吃喝全由专人负责配送，排泻物由专人收集进行统一消毒深埋处理。

十多天后，经过精心治疗，所有学生痊愈回到课堂。然而，一名从龙潭寺闯入校医院的病人又把医院推到了紧急状态。该病人一路上吐下泻，途经多家医院都因种种原因被拒收，校医院面对血压已测不出的休克病人，收治，医院将面临从治疗到防疫工作的极大考验；不收，病人会继续污染所经之地，而且随时都有死亡的可能。医务工作者的职业本能不容院长有更多的犹豫，立即组织医护人员实施抢救，

上报成华区疾控中心请求进行特殊检查明确诊断。同时，安排各项消毒隔离措施和医护人员的自身保护措施，并立即派人将五大桶消毒液倾入已被病人吐泻物污染的厕所池内。深夜，病人经抢救血压回升，生命体征趋于稳定。次日清晨，成华区疾控中心电告该患者确诊2号病，立即派专车转送到传染病院继续治疗。之后，市区疾控部门加强了对理工大学的消毒和监测工作。最终结果，医院化粪池远端从未检测到霍乱弧菌，成都理工大学无一例2号病二代病人。

2003年，"非典型性肺炎"席卷全国，在得知北京高校疫情的严峻形势后，医院立即派人购买大量布匹和筒靴，请理工市场所有裁缝师傅将缝纫机搬到了校医院大会议室，日夜赶制全副武装的防护服每人两套，并购进防护眼镜、专用口罩及大量的体温计。即使做好了周全的准备，来势汹汹的疫情还是让大家忧心忡忡。由于严格检疫，所有发烧病人都要隔离，面对这些疑似病人，听着因治疗"非典"部分医护人员被传染甚至失去生命，管床的医生护士也犹豫了，个别护士辞职离开了，也有医生生病请病假了，工作量大增而人员减少，让本来严峻的形势更是变得雪上加霜。除了要做好疑似病人的医疗工作，医院还要完成全校两万多师生的医疗监测和巡回医疗工作。同时，面对不断从疫区实习返校的庞大队伍，学校腾出二宿舍、五宿舍及老设备楼作为隔离室。

三个月后，疫情解除。校医院抗击"非典"的工作得到省、市、区卫生防疫部门和省教育厅领导的肯定，推荐作为省高校唯一受检单位接受国务院专家组的检查和指导，为省内各高校抗击"非典"工作提供了经验与借鉴。

　　在医院前院长张兰看来，校医院的工作能够取得一点成绩，能够在每次风浪中逢凶化吉，取决于医院有一个团结无私敢于拼搏的领导班子，还有一支同心同德、团结向上、具有良好职业素养的医护队伍。在2008年汶川特大地震发生时，当张兰反应过来是发生了地震后，迅速冲到住院部准备组织转移住院病人，而眼前的场景令她铭记在心。当时刚上班，大部分工作人员尚未走进医院，只见为数不多的值班人员和提前上班的小护士们，一手挽扶着年纪较大的病人，一手提着输液瓶，向楼下空地有序转移。这时，因逃生而受伤的学生源源不断前来。余震不断，数名医生护士跟着院长冲进大楼，抢出药品、外科手术器械、急救包等物资，在医院门外及旁边的小树林里开启了医疗救治工作。

　　凭借着足够"硬核"的设备、系统的管理以及周到的服务，成都理工大学医院在新世纪初就一跃进入四川高校医院名单前列，不仅多次荣获四川省教育厅"学校卫生工作先进单位"称号，更作为四川高校医院的代表，北京大学、清华大学等多所国内名校参观学习。原本名不见经传的"三无"医院也终于实现了它的华丽变身。①

---

① 本节写作得到成都理工大学医院前院长张兰老师的大力支持。

后记

两年前，二仙桥之于我们，只是一个地名；现在，它已如一位老友、亲切、熟稔，又令我们时时惦念。

我们，作为本书的两个作者，虽然经历不同、专业不同，但对文化的敬畏与热爱却如出一辙。身为文博工作者和媒体工作者，从历史的零星碎片中想象历史，从文化的吉光片羽中解读文化，是我们的日常；对往昔的触碰，对情感的体会，对人的关怀，是我们的初心，这，也是本书能够合二为一的基础。

在两年的写作过程中，我们曾用脚步丈量二仙桥街道的每一条大街小巷，曾与形形色色的人交谈、沟通，曾为寻求一点资料绞尽脑汁，也为偶尔遇见的惊喜欢欣鼓舞。我们越来越感到，与其说是我们在探索、触摸、描绘二仙桥，毋宁说是二仙桥在无声地表达。那无数个独自感受和思考的深夜，是我们与二仙桥的对话，我们看到了一段鲜活的岁月，千万人的命运跌宕，以及这座城市的沧桑巨变。

难以忘记，翩翩二仙的传说，寄托着百姓美好的向往；

难以忘记，两宋古墓的发掘，佐证了文献中成都的"既丽且崇"；

难以忘记，新旧地标的转换，是时代与时代的接力；

难以忘记，东郊轨道的崛起，走在城市建设的前沿；

难以忘记，机车车辆厂的兴衰与腾飞，千万人的命运，弹奏出与时代共舞的强音……

我们要感谢二仙桥。它慷慨地给予了我们一个丰富的世界，而我们只能尽力去记录与表达，我们所展示的，实不足它本身的万一。希望我们拙劣的字句，能够稍微还原那段磅礴的岁月，将曾经震撼和感动过我们的人与事，再展示给阅读本书的各位。

回想之前的两年，在考察、采访和撰写的过程中，也遇到了无数的问题。整个写作过程，最大的感受就是过往苍茫，凭笔力和照片，也不过留住了故事的沧海一粟。我们走访的多个厂区、仓库，一些已被改造为崭新的工业园区，只有依稀过去的模样；一些正在履行最后的使命，闲适中显露着颓败；一些早已铁锁高挂，等待时代的唤醒。但是，作为一本人文历史读本，让写作有生命力的恰恰是这些已失去。从敲开早已无人工作的仓库大门，到探访已成为文艺新地标的文创园区；从辗转多个图书馆、资料馆寻找资料，到给外省四个地方打电话核实一篇文章的出处，从数次错过又苦苦守候终于采访到的车辆厂老先生，到说服理工大已退休的医院院长接受采访……

如今回首，所有艰难都如此美好。

在整个采访过程中，最让我们无力的是，时间在迅速地老去。二仙降临的小桥和宋人安息的古墓上，如今高楼林立；高耸入云的水塔倒下了，阔大的厂区里如今鲜花怒放，曾为新中国铁路发展做出过卓越贡献的车辆厂，如今在新的园区创造着新的辉煌；火车路线已经消失，仅有的铁路轨道为公园的修建留下了象征性的一段；这里再也不会有当年转蜂的盛况，只有甜蜜的传说余音在耳；苏式仓库里外都被改造一新，又被赋予了全新的含义……为了重现当年的胜景，我们只能想象再想象，只能从受访者的手舞足蹈和面带红光去感受那段激情

二仙桥

燃烧的岁月；我们只能仿佛无穷尽地在故纸堆里寻找又寻找，捡拾拼凑起被埋藏在历史中的碎片，才得以补充一个时代的细节。

缺失的资料，逝去的人，已被推倒的地标，改造一新的旧建筑，模糊不清的含义……渐渐的，我们感到：时间固然在老去，但对历史而言，消逝同样是一种存在，变幻的恰恰印证了往昔，缺失的正是想象的基础，我们的编写与各位的阅读，都让消亡的得以延展与重生。

今天在这里，我们要感谢萧易老师的推荐，让我们有了执笔本书的机会；感谢主编张义奇老师、执行主编蒋松谷老师和副主编刘小葵老师，在他们的指导和帮助下，本书才能够顺利完成；感谢我们的领导和同事，对我们的文章撰写、资料搜寻、联系采访、查找档案等给予了必要的支持；感谢二仙桥街道办及下属社区的工作人员，帮助我们完成了实地调研和采访；感谢中车成都公司机车车辆有限公司，他们为《激情岁月：东郊轨道交通的崛起》这一部分的写作提供了大量的文字和图片资料，并对文字进行了勘误、修订；感谢接受采访的各位老师、朋友，他们精彩的人生经历充实了本书的厚度；感谢我们的家人，对我们不分昼夜的写作生活给予了理解和鼓励……

最后，谢谢阅读这本书的每一个人。

曾灵　唐澜芯

2020.6